나의 책과
학문 여정을
담다

**001**

**최래옥** 崔來沃

1940년 전북 남원시 운봉읍에서 출생.
운봉초등학교, 운봉중학교, 전주고등학교, 서울대학교 사범대학 국어과 졸업.
서울대학교 대학원 국어국문학과에서 문학석사, 문학박사 학위를 받았음.
신일중고등학교 교사, 전주공업전문대, 숭전대학교(현, 한남대학교)를 거쳐, 한양대학교 국어교육과 교수. 사범대학장. 박물관장 역임. 현재 한양대학교 명예교수.
대신대, 동국대, 명지대, 목원대, 서울대, 서울신대, 서울여대, 인하대, 중앙대, 한성대, 협성대 등에 출강.
문화재청 무형문화재 분과위원장, 비교민속학회 회장 역임.

〈저서〉
『한국구비전설의 연구』, 『한국구비문학론』, 『한국고전문학론』, 『전북민담』, 『한국민속학』(공저), 『여보게 김서방』, 『되는 집안은 가지 나무에 수박 열린다.』, 『만딸과 함께 춤을』, 『한국구비문학대계: 전북 전남편 7권』, 『한국전래동화집』, 『신앙생활예화집』 등.

나의 책과
학문 여정을
담다

001

# 최래옥

『한국민간속신어사전』과
나의 학문 인생

민속원

## 머리말

나는 왜 『한국민간속신어사전』을 내놓는가?

내가 1960년대 대학생 때 뜻을 둔 지 장장 60여 년 만에, 뜻이 있으면 길이 있다고, 『한국민간속신어사전韓國民間俗信語辭典(줄여서 속신어사전)』을 나 혼자 엮고 지은 편저編著를 하여, 2023년 12월, 이번에 세상에 내놓는다.

얼마나 감사한지 모른다. 내 자신이 얼마나 신통하고 대견한지 모른다. 하하하.

그동안 내가 속신어 연구를 한다니까, 또 그 속신어사전을 낸다니까, 주변 사람들이,

"왜 그것을 하느냐? 그럴 가치가 있느냐? 혼자 그 큰 작업을 할 수 있느냐?"고 하였는데, 그럴수록 나는 "나 아니면 누가 하랴?" 하고 오기傲氣를 부렸다.

다행하게도 많은 우리 가족이 "평생 숙원宿願을 푸시라"고 응원을 하였고, 고맙게도, 일차로 자료집 성격으로 1995년에 집문당 임경환林京煥 사장이 『한국민간속신어사전』을 내 주었고, 이번에 민속원 출판사가 아버지 홍기원洪起元 사장, 뒤를 이은 아들 홍종화洪鍾和

사장이 이 제대로 된 『한국민간속신어사전』이라는 거작巨作을 내주었다.

편집부 여러분이 수고하였다. 다 감사한 일이다.

이 속신어사전 출간은 나도 좋고, 학계學界도 좋고, 나아가서 우리나라도 좋다고 본다. 자랑이 많군!

컴퓨터에 내가 쓰고 있는 3.5플로피 40개 정도 사용하여 "가나다..."로 14개로 정리하고, 컴퓨터 인쇄(A4용지에 10호 글자 크기)는 수천 장 인쇄하여 마지막으로 2400여 면을 인쇄하여 교정을 보고, 2022년 4월 민속원에 USB에 입력하여 넘기고, 8월까지 1600여 면의 사전 모양으로 인쇄한 것을 받아 2023년 7월까지 3번 교정을, 다 보고 8월 중에 그 사전을 내는 동안 있던 작업 과정, 예컨대 속신어 수만 개를 수집하고, 가나다 순으로 만여 개를 표제標題로 뽑고, 그 속신어 하나하나마다 풀어가는 데 명쾌明快하게 풀이를 못한 어려움도 있고, 반대로 명쾌하게 풀이를 할 때 즐거움과 재미와 흥겨움과 보람 등등도 있었는데, 다 이야깃거리요, 명심보감明心寶鑑 같은 것이라, 그냥 묵혀두거나 버리기는 아까웠다.

속신어는 우리 조상이 우리에게 물려준 것이 있는데, 사는 것을 아는 "삶앎"이 사람이고, 그 사람은 육체적으로, 정신, 도덕적으로 어떻게 올바르게 살아야 하는가 등등 그 보물 같은 것인데, 그에 관한 사전을 내는 중 나온 많은 이야깃거리를 책 한 권으로 담아내기로 마음을 먹었다. 고맙게도 민속원이 허락하였다.

내가 알기로는 사전 간행 뒷이야기 거리 책은 우리나라에서 이전에 없었던 것 같은데… 내가 속신어사전 간행이 처음이라면 이런 뒷풀이 책도 처음이라, 만용蠻勇을 부린 것이다.

말하자면 2023년 7월에 쓴 나의 고백록告白錄이요, 한국문화를 연구해온 학문의 여적餘滴 같은 것이다.

나를 소개하고, 속신어의 가치를 말하고, 몇 가지 예를 들면서, 규식規式에 맞는 사전 체제體制를 벗어나 좀 자유롭게 재미있게 쓰노라고 하였다.

그러고 보니 속신어사전 간행과 그 뒷이야기들을 겸하여 나의 학문 인생을 이야기함이로다.

독자여. 웃고 보시라.

2023. 10.
『한국민간속신어사전』 편저자
한양대학교 명예교수 최래옥崔來沃 씀

**차례**

머리말 4

1. 『한국민간속신어사전』을 왜 간행하는가? —— 11
2. 『속신어사전 간행과 나의 학문 인생』을 왜 간행하는가? —— 15
3. 지리산 기슭에서 태어난 촌놈 —— 21
4. 운봉雲峯에서 속신과 함께 —— 24
5. 전주全州고등학교 시절 —— 31
6. 서울대 사범대 국어과에 입학. 그런데 치기만만稚氣滿滿! —— 36
7. 대학 신입생으로 4·19에 참가 —— 42
8. 다양한 활동을 한 대학생, 기막힌 일을 한 대학생 —— 45
9. 군대 가서 대오각성大悟覺醒 —— 55
10. 구비문학 정의定義. 구비문학 동지 —— 57
11. 구비문학 중 설화를 주목 —— 63
12. 구비문학 중 속신어를 또 주목 —— 69
13. 속신어 연구의 기초 —— 74
14. 속신어는 기능요소機能要素 곧, 기능소機能素 —— 77
15. 기능소의 성격 —— 81

16. 속신어가 말한다. "사람은 삶앎이다" ─────── 85

17. 사람이 삶앎인 것은 지덕체智德體를 알기 ─────── 88

18. 지덕체智德體에 신信을 더한 참삶앎 ─────── 92

19. 속신어 자료 조사를 전국적으로 ─────── 96

20. 많은 사람들이 조사에 협조 ─────── 101

21. 사전 만들기로 결단과 진행 ─────── 104

22. 속신어사전 앞에 둔 '일러두기'. 여기서는 '추가설명' 첨가 ─ 109

23. 속신어와 속담과 '인불구설화人不救說話' ─────── 114

24. 사전 끝에 쓴 '후기後記' ─────── 121

25. 사전 앞에 둔 '민간속신어의 이해' ─────── 124

26. 속신어의 매력과 전승의 힘 ─────── 126

27. 구비단문口碑短文으로서 매력 ─────── 128

28. 속신어는 선후인과先後因果가 견고 ─────── 130

29. '십년공부 하루아침' 설화와 속신어의 인과율因果律 ─── 132

30. 선조가 경험한 것을 후손에게 전승 ─────── 137

31. "경주 최부자네 이야기": 부자가 되려면 구경을 하라. ── 140

32. "생전에 구경 셋을 하면 사람이 된다"와 한국인의 관광철학 ─ 142

33. 아랫목을 차지한 사람과 윗목에 앉은 사람 ─────── 148

34. "어린애를 낳고 개나 고양이를 기르면 안된다." ——— 151
35. 어린애의 습성과 사고와 보호 사례(사전 풀이에 추가) — 156
36. 육아에서 안전 제일을 점검點檢함이 진리眞理 ——— 163
37. 만물유정萬物有情: 홍수洪水의 예를 들어서 ——— 168
38. 만물은 희로애락喜怒哀樂이 있다. ——— 174
39. 개는 다 알고 있다. ——— 180
40. "제비가 낮게 날면 비가 온다"는 경험전승經驗傳承 ——— 186
41. 밤에 산길을 걸을 때 가슴을 드러낸 이유 ——— 188
42. 밤에 밖에서 누가 나를 부를 때 ——— 192
43. 거짓말을 받아들일까? ——— 195
44. 정말 "이마에 솔이 나고 엉덩이에서 뿔이 난다"인가? — 200
45. 거짓말하는 자식 때문에 부모가 죽을 맛이다. ——— 203
46. 거짓말하면 죽어서 발설지옥拔舌地獄 행行! ——— 205
47. "죄를 지면 벼락 맞아 죽는다"와 악인징벌관惡人懲罰觀 — 209
48. "밥을 흘리고 먹으면 기민饑民한다고 한다." ——— 212
49. "밥을 남기면 벌을 받는다" ——— 216
50. 속신어의 발생: 운동선수의 속신 경우 ——— 226
51. "의붓어머니 한恨은 정情으로 풀라." ——— 231

# 『한국민간속신어사전』을 왜 간행하는가?

첫째로, 『한국민간속신어사전』, 줄여서 '속신어사전'으로 '나'를 표현하고 싶다.

바로 내가 한국 최초로 속신어사전을 간행한 것은 나의 전공專攻에서 자부심自負心이고, 생애生涯의 자긍심自矜心이고, 내가 해야 할 사명감使命感의 완수이고, 한국인으로 애국심愛國心의 표출이고, 그동안 내가 공부해온 한국 문화에 대한 학구심學究心의 발로發露이고, 세월의 결정結晶으로 본다.

둘째로, 많은 사람에게 속신어가 가치가 있다는 것을 알리고 싶다.

곧 여러 사람이 가지고 있는 속신어에 대한 오해를 풀고, 속신어를 조상이 우리에 물려준 훌륭한 전통문화로 이해하고, 사랑하고, 적용하도록 하겠다.

예를 들어보자.

"밤에 잘 때 허리띠를 풀지 않고 자면 귀양할머니(귀신鬼神 이름)가 무게를 달아본다. 그러면 죽는다."

사람들은, "이것은 참말인가? 그저 '잘 때 허리띠를 풀고 자라'는 말은 맞지만, 왜 귀신 귀양할머니가 나오는가?"라고 의문을 내놓는다. 현대에 통하지 않는 것이라고도 하고…

그런데 물어보자.

어른이 아이에게 그냥, "허리띠를 풀고 자라."는 것하고, 이 속신어처럼, "네가 허리띠를 풀지 않고, 그대로 매고 그냥 자면 무서운 귀양할머니 귀신이 살그머니(소리 안 나게 동작) 와서 너를 꽉!(큰 소리로 아이를 꽉 잡는다)"하는 것 하고.

어느 것이 효과적 교육일까? 어느 편을 아이가 잠을 잘 때 선택할까? 허리띠를 푸는 편일까? 안 푸는 편일까? 한 때가 아니고 항상 허리띠를 풀고 자게 하려면, 사람들은 그동안 속신어 중 일부를 미신迷信이거나, 비과학적非科學的이거나, 금기禁忌나, 저급문화低級文化 정도로 보아온 것인데…

이 귀양할머니의 예를 들어 이런 오래를 씻어내야겠다.

속신어는 대단히 가치가 있는 것이니, 곧, 값진 전통문화요, 조상이 오늘 우리 후손에게 넘겨준 생존生存과 생활生活의 지침指針이며, 훌륭한 지덕체智德體, 지인용智仁勇, 지정의知情意의 교범教範이라는 것을 알려야겠다.

나는 그렇게 보고 이 사전을 만들었다.

속신어가 없는 개인 인생하고, 있는 개인 인생은 같을까? 사회는 같을까? 국가는 같을까? 나아가서 인류는 같을까?

전세계 인류에게는 다 속신어가 있다. 어느 시대나 각계各界 각분야各分野에도 있다. 왜 속신어는 인류 공통문화일까? 언제 어디서나 누구에게나 다 필요하여 그러했을 것이다.

이렇게 속신어는 인류의 필수必須 문화文化인 것을, 한국의 가치가 있고 유익한 문화인 것을 알려야 한다.

셋째로 "우리나라도 이제는 제대로 된 속신어사전이 나와야겠다"를 실천한다.

현대에 이르러 속신어사전을 냄으로써 속신어를 정리하여 둘 필요가 있다. 지금 우리나라에 다른 분야 사전처럼 속신어사전 한 권쯤은 누군가가 만들어내야 할 때가 되었다. 그 '누군가'가 바로 '나'라고 보았다.

넷째로 지금이 적당한 때니 지금 내야 한다는 것이다.

속신어는 지금 소멸기消滅期, 변용기變容期에 들어섰다.

과학이 발달하였다고 하여 사라지고 있고, 속신어가 사라지니까 윤리도덕 수준이 후퇴하고, 살아남아 있는 것 중에는 변용變容되고, 악용惡用하는 일이 생기고, 국제교류國際交流에서, 각 분야에서 좋든 나쁘든 영향을 미치는데, 그냥 방치放置하고 있다.

속신어에서, "거짓말을 하면 지옥에 가서라도 벌을 받는다"와, "현세에서 거짓말을 해도 끄덕없이 잘 산다" 중 어느 것이 국가와 사회, 또 개개인에 좋을까, 손해일까?

물론, 거짓말이 나쁜지라, 속신어가 옳다! 그렇다면 옳은 속신어를 사전으로 내야 한다.

나는 이렇게 사전 간행의 당위當爲를 말하겠다.

이왕이면 속신어가 온전한 이 때, 그 간행이 시급時急하다고 보았다. 시간이 가면 속신어는 온전하지 못하다. 그러니 내일로 미루지 말고 지금 내자는 것이다.

수적천석水滴穿石, 작은 물방울도 끊임없이 떨어지면 결국 단단한 바위도 뚫듯이, 작은 노력도 한 갑자甲子, 60년간 하다 보니, 속신어사전이라는 거암巨巖이 뚫렸다. 그 거암을 이제 공개하여야 한다.

다시 말하여, 속신어사전이 나 개인으로 보아도, 60년 동안 속신어를 공부해온 터라 늦출 수 없다. 지금이 그 때다.

사실 혼자 하기는 벅차지만, 위와 같은 사전 편찬 작업과, 그 사전의 간행의 목적이 있었기 때문에, 오랜 세월을 들여서 이런 사전을 내놓는 것이다. "나 아니면 누가? 지금 아니면 언제?" 이것이 속신어사전 간행을 하겠다는 오기傲氣로다.

이것은 출발出發이지, 도착到着이 아닌, 그 오기로다.

# 2

# 『한국민간속신어사전과 나의 학문 인생』을 왜 간행하는가?

나는 2023년에 들어 이 속신어사전 교정지를 3번 교정을 보고 나서, 그냥 사전만 내놓기가 부족한 듯하여 사전 맨 뒤에 붙일 후기後記를 1면 정도 길이로 썼다.

그런데 후기만으로는 부족하였다. 그래서 후기로 못다 한 이 "속신어사전이 나오기까지 숨겨진 뒷이야기"를 따로 써야겠다고 마음먹었다. 자연히 나의 학문 인생의 표백表白이다.

첫째로 왜 이런 속신어사전의 모습이 나왔는가를 설명하여 사전 출현出現을 설명하고, 사전에서 못다 한 말을 더 하고 싶었다.

이미 나온 일반사전一般辭典처럼, 되도록 간결하게 정확하게 풀이, 해설, 설명 등을 하는 지식知識 창고倉庫, 사전을 뜻풀이하면 "말(언어言語)의 창고, 말곳간, 말광, 말모이"인데, 그런 사전 제작 방식으로 만들고 싶었는데, 정작 속신어사전을 만들려다가 보니, 일반사전처럼 만들 수는 없었다.

간단한 풀이 정도로 속신어 만여 개 여럿을 다 풀이할 수 없었다. 그래서 일반사전과 달리, 특별한 사전이 되도록, 특별한 방식을 가미加味할 필요가 있었다.

그래서 원칙적原則的으로 일반사전 체재를 따르면서도, 변칙적變則的으로 더 자세하고 길게 설명을 하는, 색다른 사전의 출현이라는 속신어사전만의 특색을 살려야 했다.

예를 들어보자.

예1: "밤에 손톱과 발톱을 깎으면 복이 달아난다."

이것은, 그냥, "그러니까 밤에 손톱과 발톱을 깎지 말라"고 간단히 뜻풀이는 되는데, 그렇게 하여서는 속신어사전다운 뜻풀이가 될 수는 없다. 이 속신어와 약간 표현은 달라도 내용이 같거나(상동相同), 비슷한 것(상사相似)이 무려 82개나 조사하였는데, 어찌 한결같이 "밤에 깎지 말라"는 간단한 풀이만 하겠는가?

손톱과 발톱을 깎지 말라, 그래도 굳이 깎는다면 그 결과結果가 "복이 달아난다"고 하였다.

복이 달아난다고? 이것은 "한국인의 불행관不幸觀"을 단적으로 표현한 것이다.

그래서 "밤에 손톱깎기 재앙災殃 연구"라는 집중 연구를 할 필요가 있고, 그것을 사전에 담아야 한다. 이런 예를 보더라도 "간단한 일반사전식 풀이"는 할 수 없었다.

예2: "말띠 여자는 나쁘다."

"왜 그런 속신이 나왔는가? 어떻게 사람들에게 피해를 주는가? 그 피해를 어떻게 막을 것인가?"

이것을 속신어사전에서 풀이를 하여야 하는데, 일반사전이 하듯이 간단히 짧게 다루면 안된다. 그저 "나쁘다"를 간단히 풀이하면 이 속신어는 도대체 왜 있는 것인가? 의문이 생긴다.

그래서 길게 풀이를 하였으니, 일반사전식 설명에 나의 설득說得을 겸한 긴 것이 되었다. 속신어 "말띠 여자"처럼, 그런 속신어 사례가 많을 때는 "집중 연구"라는 보충설명을 객관적客觀的이고, 중립적中立的인 자세로 길게 풀이하였다.

말하자면 상업商業에서 제품製品에 스토리story를 담아 설명하듯, 딱딱하고, 이상하고, 난해難解하고 미신迷信 같은 속신어에 이야기의 옷을 입혀 사귀기 쉬운 여인으로 만든 셈이다.

아내가 말띠(1942년생)다. 말띠생이다.

1960년대 당시 이 속신이나 속신이가 극성을 떨어 말띠 처녀는 아주 피해가 컸던 만큼, 나의 애인 김양金孃도 신부감으로 피해가 컸다.

신부감만이 아니고, 신랑감도 마음먹고 장가를 들려는 규수인 말띠 애인과 혼인을 못할 처지라 피해가 컸다. 바로 내가 그랬다.

그래서 나는 하마터면 이 속신어 때문에 김양에게 장가도 못 갈 뻔하였다. 아이구...

그런데 그때에 아무도, 대한민국에서 말띠가 왜 왜 나쁜지를 말해주는 사람이 하나도 없었다. "왜 말띠가 나쁘지?"라는 질문은 있어도, "이유는 이렇다"는 해답은 전연 없었다. 이럴 수가...

이 속신과 속신어는 말띠인 청춘남녀에게 겁을 주고, 안타까움을 주는 맹위猛威를 떨치고 있었는데도, 똑똑한 "말띠 타령 박멸운동가"가 하나도 없었다는 말이다.

안타까운 일이었다. 정말로!

그러면 내가 그 운동가가 되자고 하여 나는 김양과 용감하게 결혼하였다. 그런데 아무런 탈도 없었다. 지금까지 회혼례回婚禮가 가깝도록 행복하게 잘 살고 있다. 대가족을 이루고 잘 산다.

그 후 말띠 타령은 나도 하지 않았지만, 세상에서도 말띠 타령이 많이 수그러졌다. 다행이다.

그러고 보니, 그때 말띠가 어떻다는 것은 다 헛것이었다.

알고 보니, 이 말띠 속신(속신어)은 우리나라 속신이 아니고, 일본의 속신인데, 일제 강점기에 한국에 들여다 놓고 남은 악습惡習 잔재殘滓였다. 일제 잔재가 이런 것도 있구나.

해방이 되고 독립이 된지 오래 되었거늘, 일제 잔재의 독소毒素에 빠져 사는 대한민국 백성이여! 그런 백성에게 잘못을 말해주지 않는 알 만한 사람들이여!

허참, 기가 막히네. 이런, 어처구니없네.

왜 이런 어처구니없는 것을 사람들은 말해주지 않았을까? 대한민국에서 전무全無일까?

그런 사연을 속신어사전에서도 말하였지만, 더 긴 사연을 담으려고 사전 간행의 뒷이야기들을 담아 책을 낸다.

　　예3: "아기를 임신할 때, 낳을 때, 키울 때 부모가 조심할 것들..."

　이 육아 속신어는 수없이 나온다. 이것은 중대한 것이라 사전에 나는 다 실었다. 해설도 다 하였다. 너무 세세細細하다, 잔소리 같다고 할 정도로 사전에 담았다. 시대가 바뀌어도 좋은 임신, 출산, 육아는 바뀌지 않으니까!

　남자인 내가, 여자만의 임신, 출산, 수유授乳, 그리고 육아를 풀이하기에 민망할 대목도 있다. 그러면서도 내가 아들로서, 형제자매로서, 남편으로서, 아버지로서, 할아버지로서, 교육자로서, 어쩌겠는가? 꼭 해설을 하여야지... 하였다.

　그러면 나는 어떤 사람인가? 육아에 관한 것, 육아 속신어를 꼭 알아야 할 사람이다.

　우리 형제자매는 6남매다.

　어머니는 16살에 결혼하여 46살까지 15번 임신하고, 3번은 유산하고, 12번은 낳았고, 6명은 낳은 후 깽끼고(죽고, 꺾이고), 6명은 살아났고, 그중 출산으로 4번째, 살아남기로 2번째, 결혼 10년 만에 건진 맏아들이 바로 나다. 내 밑으로 8년 동안, 태어난 동생 넷을 잃은 나는 어찌 임신, 출산, 육아, 교육 등에 무관심하랴?

　그런 가정에서 자란 나는 태어난 아기가 "무병無病 무탈無頉 무사無死"가 제일소원이었다.

　그 후 그 맏아들인 나는 딸만 다섯을 낳아, 다 길러, 제 나이에 다

출가를 시켜(사실 공력이 무척 들었다), 외손자와 외손녀가 11명이다. 대가족의 가장家長이요 교육자이다. 소원은 같다.

세세細細한 육아, 속신 다 나의 체험이고, 다른 사람의 체험이었고, 일찍이 조상들의 체험이었다. 자식을 잘 키우라고, 그래서 조상이 물려주었는데, 어찌 소홀히 할 수 있으랴?

이것을 사전에도 담고, 더 보탠 설명은 이 책에도 담았다.

백점百点 육아育兒를 하라고. 그래야 다 행복하다고. 육아 공부는 끝이 없다고.

# 지리산 기슭에서 태어난 촌놈

여러분은 속신어사전이나 이 책을 만든 나를 보고, 과연 책을 낼 자격이 있는 사람인지 궁금할까 보아서, 궁금한지 안 한지 잘 모르겠는데, 나는 그래 자격이 있다고 하고 내가 나를 소개하겠다.

내가 나를 소개하는 것이 좀 그렇지만, 당당한 사전을 내기로 하였으니, 당당한 편저자 소개, 또는 자랑을 하고 싶지 않겠는가?

이것이 파격破格인 줄은 안다만 내 역사를 좀 말해보자.

나는 1940년, 지금부터 83년 전, 지금 전북 남원시 운봉읍, 이전 남원군 운봉면雲峰面. 구름[雲]과 산봉우리[峰]가 있는 높은 곳, 해발 500미터인 운봉雲峰고을, 최崔씨 집성촌集姓村인 권포 2리 덧멀加洞에서 출생하여, 3살 때 운봉 읍내 동천 동천리東川里에 이사와서 성장하였다.

나는 지리산 북쪽 기슭 운봉에서 농부의 아들로 태어나고, 공부 하나로 출세 수단을 삼고, 직장 생활을 하고 지금은 한양대학교 남자 명예교수요, 전에 한양대학교 사범대학 국어교육과 교수를 하고, 비교민속학회를 임석재任晳宰, 김동욱金東旭, 최인학崔仁鶴, 최길성崔吉城, 김택규金宅圭, 지춘상池春相, 성병희成炳禧 교수 등 선배를 모시고 만들고, 3대 회장을 하고, 전공은 고전문학, 구비문학口碑文學, 민속학民俗學이다. 바로 한국학韓國學을 연구한 학자이다.

문화재청 '무형문화재 위원장'을 하였다.

학력을 들자면, 운봉초등학교와 운봉중학교를 나와, 1년을 꿇고(재수再修), 전주全州고등학교를 다니고, 1960년대 서울대학교 사범대학 국어과를 다니면서, 그때부터 설화說話와 민간속신어(줄여서 속신어)에 관심을 두어왔고, 서울대학교 대학원 국어국문학과를 수료하고 문학석사와 문학박사가 되었다.

경력으로, 서울 미아동 신일信―중고등학교 교사, 전주공업전문대학 교수, 대전 숭전대학교(지금 한남대학교) 교수, 서울 한양대학교 교수, 사범대 학장, 박물관장을 하였다. 몇 대학에 강사를 하였다.

활동으로 초등학교 국어 2학년에 "임금님 귀는 당나귀"를 쓰고, "강수强首의 아내"도 쓰고, 이런 저런 책 수십 권을 냈다. "되는 집안은 가지나무에 수박 열린다"는 옛날이야기 책 6권은 베스트셀러가 되고 20쇄刷를 하였다.

딸이 5명이고, 사위며 외손자와 외손녀가 많아서 우리 부부를 합쳐 잔치를 하려고 들면 23명이 모인다.

웃기는 일, 뱀장사 쇼도 하고, 그런 대로 건강하고, 나의 집에서,

행복하게 사는 신앙인(장로)이다.

이것이 내가 나를 간단히 소개하는 것이다. 너무 자랑을 하였는가? 하하하. 이렇게 보면 여러분은 "이 사람은 속신어사전을 낼 만도 하군." 하기를 바란다.

이런 것은 나의 자서전自敍傳이나 회고록回顧錄에서 할 법한 이야기인데, 이번에 한국 최초로 『한국민간속신어사전』을 편저編著하고 간행하면서, 이 정도 소개로는 아쉬움이 들어서 속신어사전에 관련된 나의 이야깃거리를 말하고 싶어서, 구수하고 유익하고 재미있고 행복한, 그리고 힘들게 산 나의 지난 이야기를 길게 늘어놓고자 한다.

늘어놓는다고? 그렇다, 늘어놓겠다.

옛날이야기를 전공한 이야기꾼답게 이야기, 속신어사전 간행과 그 뒷이야기들을 풀어보겠다. 이 책이 아니면 속신어사전을 만든 나를, 학문인생을 소개할 수도 없겠으므로.

그러면 내가 왜 이런 사전을 냈는지, "이 사람이 이렇게 살았구나!"를 여러분이 알 수 있을 것 같다. 뭐. 꼭 알아달라고 사정을 한 것은 아니다만, 이왕 여기까지 본 것, 계속 보시라.

# 운봉雲峯에서 속신과 함께

 조선 영조英祖 4년(1728), 충청도 청주에서 '이인좌李麟佐의 난亂'이 났을 때, 경상도 함양咸陽 일대에서 이인좌와 한패인 정희량鄭希亮도 반란을 일으켰는데, 정희량이 함양 군수로 토호土豪 최씨를 군수로 임명하고, 후에 정부(어사 박문수朴文秀가 활약)가 반란을 진압하자, 반란에 연루된 최 군수네가, 바로 우리 조상이 살기 위하여 운봉 고남산 아래 산골로 도망을 하여 땅 파먹으며 움막을 짓고, 숨어 살았다.

 100년 후에 모든 것이 풀렸고, 떳떳이 얼굴을 내놓고 살게 되고, 그래서 우리 집은 전주 최씨 감찰공파監察公派 중 하나인 덧멀 최씨가 되었다.

 덧멀 최씨 9대손 할아버지, 호는 문일文一, 함자 최영기崔英基 선생은 서당선생을 한 학자요, 10대손 넷째 아들인 아버지 최진호崔鎭昊 집사는 가족을 먹여 살리느라고 신작로新作路을 오가며 찌럭소(힘이 센 황소)가 끄는 소구르마를 끄는 일을 하여 학교를 다니지 못하였다. 학력은 무학無學.

아버지는 힘이 장사 소리를 들었다. 못한 일이 없었지만, 내가 학교에 내는 가족사항 '학력'중 부모는 '무학無學'을 쓰기가 괴로워 '국졸'이라고 썼다.

그러니 부모님 마음이야 '무학'이 오죽 했으랴?

아버지는 18살 때, 이웃 장교리 마을 처녀인, 세종대왕 왕자인 영해군寧海君의 후손인 영해군파 16살 이씨(이복순李福順)와 결혼하였다. 어머니 이복순 권사도 학교를 다니지 못하였다. 무학.

우리 부모는 그저 농부로 살고, 종모돼지(수돼지, 씨돼지)를 길러 가용家用으로 쓰고, 간혹 부업도 하였다. 부모님은 낙천적이고 부지런하고 아이디어가 많았다. 나는 닮고 싶다.


우리 형제는 2남 4녀인데 내가 장남이다.

우리 부모는 못다 한 공부의 힌恨을 큰아들 나를 통하여 풀고자 하여 교육열이 대단하였다.

그래서 나는,

"첫째로, 나는 부모의 공부 못한 것(무학)을 풀 소원을 들어주고, 둘째로, 나는 배경도, 밑천도 없는 촌놈 출신인지라, 공부하여 내 힘(머리 포함)으로 출세하고 싶다, 자수성가自手成家하련다."는 목표가 다분히 강박관념強迫觀念으로 작용하였다.

그래도 "내가 우주宇宙다. 우리 부모는 영웅이라 닮자"는 자신自信으로 그 강박관념을 극복하여 왔다.

내가 다닌 전주고등학교 교훈敎訓이, "자강自彊, 자율自律, 자립自立"인데, 자수성가自手成家와 자신自信과 같아서 놀라고, 그 교훈대로 지금까지 "스스로 자自"로 살고 있다. 되도록 당당한 "자自의 자者"로...

그런데, 사실 내가 자라는 동안 초.중.고등학교 중에 깨닫는 것은 이 두 가지 목표요, 소원의 성취는 쉽지 않다는 것이었다. 마음은 간절하지만, 공부가 딸리고, 돈이 딸리고, 능력이 딸리고...

그래도 어쩌겠는가? "성공을 하겠다"는 집념은 버리지 않았다. 그렇게 살았다고 고백하겠다.


나는 운봉초등학교를 1947년 9월에 입학을 하고, 1948년 11월 공산당 군인이 여수순천반란사건을 일으킨 후, 지리산에 들어와 된 전빨치산(공비)이 준 공포에 떨고, 10살 4학년 때 6·25를 만나고, 2달간 공산 인공人共을 살고, 수복이 되고, 그해 겨울에 3달간 외삼촌이 연 서당을 다니면서 사자소학四字小學을 공부하고, 운봉초등학교를 41회로 졸업하였다.

이 세대世代에 보기 드문 서당 출신이군!

집 옆에 운봉중학교가 신설이 되매, 4회 졸업생으로 운봉중학교를 다녔다. 남자 32명, 여자 6명 도합 38명이 한 학급, 한 학년이었다.

고향에 중학교가 없으면 중학교를 못 다닐 뻔 하였는데, 중학생이 되었으니 다행이었다.

6·25 후 중학 졸업까지, 6·25 남침을 하다가 낙동강 전투에서

패배한 인민군과 의용군 3, 4만 명이 지리산에 들어간 후발치산(공비)이 준동蠢動하였다.

운봉 아이(少年)인 나는 또 공포에 떨었다. 공비, 나는 자다가도 오줌을 쌌다. 허허허, 이런 것도 다 말하나 하겠지만.

나의 초등학교와 중학교 시절은 사춘기思春期(四春期)니 오춘기五春期니, 소년의 꿈이니 고뇌苦惱니…하는 것은 있을 수 없었다.

소원은, 그저 일하는 것, 입에 먹을 것 넣기, 입도선매立稻先賣니 절량농가絶糧農家란 말을 안 듣기였다.

입도선매는 논에 서 있는 자라는 벼(입도立稻)를 먼저 팔아 식량을 구한다(선매先賣)는 낱말풀이다.

자세히 말하면, 어떤 농부는 자기 논에 벼가 한창 자랄 무렵인 6, 7, 8월에 식량이 떨어지면, 그 벼(입도立稻)를 담보(선매先賣)로 부잣집에 가서 쌀 한 가마니를 얻어오면(이곡利穀), 식량을 해결한 대신 9, 10월 추수하여 50%를 늘려 한 가마니 반(장리長利)으로 갚는 것이다. 때로는 입도를 쌀 얼마를 받고 부잣집에 팔아버린다. 그러면 가을에 수확이 적거나 없다.

절량농가는 먹을 양식이 떨어진(절량絶糧) 농가農家다.

6·25 후 정부도 어찌할 수 없는 농촌실정을 말한 단어인데, 슬픈 말이다. 우리 집은 그 낱말에 걸릴 지경.

그런 중에 앞산에 출몰하는 지리산 공비가 주는 공포까지 겹쳤으니 이 고통을 벗어나는 것. 소원은 이것이었다.


운봉중학교를 마치고, 가정 형편상 한 해를 꿇었다.

도저히 고등학교를 갈 수 없어서 재수再修하였다. 남은 뛰고 걸어가는데, 나는 제 자리에서 무릎을 꿇고 있었다. 그래서 "꿇었다(재수再修한다는 말)". 좀 비참하였다. 산에 가서 나무를 하여 지게에 지고 오면서, 이러다가 영영 공부는 못하는 것이 아닌가 하고, 두 가지 목표는 끝나는가 하고, 16살 소년은 울고 싶었다. 실제로 울었다.

그러다가 "울면 안되지, 희망을 갖자!"고 하였다. 주저앉으면 진짜 운다!

그래서 나는 1956년 한 해를 꿇으면서 재수에 열심! 아버지를 도와 나무하고, 농사짓고, 목기木器를 만들 나무를 해오고, 돼지를 키우고. 지금 돌이켜보면 재수는 잘 한 것이다. 외국 유학 못지 않는 교육효과가 있었다. "또 다시 인생에 재수가 없기를..." 다짐하는 교육효과도 있었다.

그러는 중에 나는 고향에서 "노는데 선수"로 속신俗信과 같이 살았다고 하겠다.

- 충격받기: 너는 다리 밑에 주워왔다 - 는 말을 듣고 울기. 이를 갈 때 실을 걸어 빼기.
  자다가 오줌을 싸면 쳉이(키)를 머리에 뒤집어쓰고 이웃집에 소금 얻으러 가기.
- 슬픈 것 보기: 동생이 죽어 아장兒葬터에 묻은 후 부모의 비통함을 보기.
  6·25때 전사한 청년이 있는 집의 비통을 보기. 공비가 운봉을

습격할 때 사상자死傷者 보기.
- 무서운 것 보기: 상여집이나 아장兒葬터나 귀신이 나온 곳이나 도깨비가 나온 곳을 보기와 피하기.
- 일과 놀이: 대보름에 더위팔기. 연실에 사금파리 가루로 풀 먹여, 그 연실로 연을 날리기고 연싸움하기. 대보름에 연을 속공 보내기. 산에 가서 나무하기. 밤이나 낮에 산길 가기. 농사짓기. 새보기. 서리하기. 누에치기. 돼지기르기. 돼지풀베오기. 지게질하기. 썰매타기. 못치기. 낫꼭지(낫을 던져 세우는 것으로 내기). 홰때기(호드기) 만들어 불기. 짚을 뭉쳐 만든 공으로 축구하기. 씨름하기. 물고기잡기. 수영하기. 산과 들에 가서 나물캐기. 핑매(팔매)날리기. 뺑오리(팽이)돌리기. 제기차기. 물꼭지(물제비. 물수제비)하기. 돼지오줌깨로 공차기. 장기두기. 꼬니(고누)두기. 공기 받기.
- 만들기: 지지껍데기(두터운 소나무 껍질)로 공작工作하기. 관솔(소나무 속 송진이 엉켜붙은 것, 횃불용. 송명松明)캐기.
- 치료하기: 낫으로 풀을 베다가 몸에 다친 것 낫기. 추학(학질. 말라리아), 고뿔(감기), 배탈, 종기, 버짐, 황달, 독쏘임(內出血), 눈병, 다래기 등 병에 걸리고 낫기.
  태어난 동생이 경기驚氣(경끼로 발음)로 고생할 때 봉숭아 벌레를 잡으러 온 동네 집집을 다니기. 약초를 캐서 모아서 말리기.
- 구경하기: 혼인식과 장례식과 농악農樂놀이 등 구경하기. 문중門中의 시제時祭나 산소 찾기. 당산제堂山祭 구경.
- 먹을 것을 찾아다니기: 머루, 다래, 으름, 깨금(개암), 오돌개(오

디), 뻔(벗지), 딸기, 감 같은 열매 따 먹기. 찔레, 고수 꺾기. 칡, 딱쥐(잔대), 도라지 캐기. 산토끼잡기. 송기松肌(松皮, 송키. 연한 소나무 윗가지 속껍질. 먹으면 물이 달큰하다)먹기.
- 기타: 어른에게 인사드리고 잘 섬기기. 꼬시레(고시레)하기. 옛 날이야기를 해달라고 보채기. 여러 유행가나 군가나 학교에서 배운 노래나 민요를 산이나 들에서 크게 부르기.

여기에 속신(속신어)이 많이 있는데, 그 때는 그런가 보다 하였는데, 지금 보면 이것은 생존生存과 생활生活을 하도록 진선미眞善美에 관한 것들이었다.

다분히 진리眞理 같고, 원리原理 원칙原則 같고, 도덕 교과서 같고, 만병통치의 약萬病通治 藥 같았다. 한편 미신 같고…

아버지와 어머니, 동네 사람이 엄격하게 이 속신들을 지키도록 나에게 교육을 하였다.

이런 것들이 다른 지방에도 다 있었다. 다른 지방의 경우와 나의 많은 경험을 묶어보니, 이 속신어사전에서 해석을 할 때 많은 도움이 되었다. 클 때 경험이 사전에 도움이 되누나.

# 전주全州고등학교 시절

운봉중학교를 나와 한 해 재수를 하다가, 늦가을과 겨울에 공부하여 다행하게도 들어가기 어렵다는 전주고등학교(전주고全州高)에 37회 입학생으로 1957년 4월 입학하였다.

한 해 꿇은 내가 그때나 지금이나 행운아幸運兒로다. 감사! 내 앞길은 그때 열렸다. 하마터면 영영 꿇었을 것인데.

운봉면에서는 한 해에 한 명이 나올까 말까 한 전주고에 입학이었으니까 부모님이 기뻐하였다. 그런데 전북 인재가 모인 전주고의 학생인 나는 공부는 하노라고 하였으나, 성적은 별로였다. 시골식으로 마구재비(마구잡이)로 싸우는 것은 좀 하고.

그저 성적이야 어찌 되었건, 품행은 착실하게, 열심히 공부하는 착한 고등학생이었다. 별로 말썽도 부리지 않고, 공부는 좀 하였지만 전교생 480명 중 별로 특출特出나지도 않았다.

그렇게 1학년, 2학년을 지냈다. 자취도 하고 하숙도 하면서, 운동도 하면서. 그러다가 고3이 되어가자 나는 대학을 가고 싶은데, 아무리 공부를 잘 해도 가정 형편은 대학 가기가 어렵고, 가정경제로 볼 때 고등학교도 벅찬 터라 그래도 대학은 가야 하고.

다행히 대학을 간다면, 나는 독어과獨語科를 전공하고 싶었는데, 하루는 국어 선생님인 시인 신석정辛夕汀(1907~1974) 선생님이 예뻐한 나에게 말하였다.

"내옥아. 너는 춘향이골 남원 출신이고, 서당에도 다녔으니 국어국문학과. 곧 국어과로 가라."고 하였다.

그래서 남원 놈이 고향 출신인 춘향春香이(춘향전 주인공)를 만나 애인으로 삼자고 하여 국어과로 정하였다. 춘향이 덕분에 팔자를 고친 사람이 되었다. 우선 대학에 들어갔으니까.

운봉은 문학이나 역사나 민속의 고장이기도 하다.

천하대장군 돌장승이 있고(민속자료로 지정), 판소리가 나왔다. 판소리 초기 명인名人 송만갑宋萬甲(1865~1939), 근래 명창 박초월朴初月(1913~1983)이 운봉 사람이다.

운봉에서 20km 떨어진 남원에서 춘향이가 살았다. 고려말 1380년 이성계李成桂가 왜구를 이끌고 온 아지발도阿只拔都를 물리친 황산대첩荒山大捷의 현장이 운봉이다. 지리산 산 정기精氣가 뻗은 곳이다. 거기서 내가 나왔다. 고향 덕을 보았군. 하하하.

내가 국문학, 고전문학을 하게 된 것은 남원과 운봉을 고향故鄕으로 둔 것, 신석정 선생님 같은 은사恩師의 지도를 받은 것, 내가 서당을 다닌 것, 옛날이야기를 무척 좋아한 적성 덕분이라 하겠다.

그런데 전공은 국어과로 정하였지만 대학에 갈 공부 실력도 문제요, 그것은 내가 알아서 할 일이고, 가정 형편으로 보면 대학생이 되기는 거의 불가능하였다.

이것이 고3생으로 고민이었다.

고민? 이것도, "궁窮하면 통通한다고. 뜻이 있으면 길이 있다고, 자조자自助者 천조자天助者, 곧, 스스로 돕는 자는 하늘이 돕는다"고. 나는 대학 진학을 결심하고, "내가 갔으면 하는 희망하는 대학"을 생각을 하였다. 여기저기 물어보고 대학 입학 정보도 귀동냥하였다. 그 내가 원하는 대학은 이런 세 가지 조건이었다.

(1) 대학 등록금은 학비가 쌀 것. 고등학교 수준의 돈이 들어가면 되겠다.
(2) 대학을 다니면서 고학, 가정교사를 하여 학비를 내가 벌 것. 내가 벌어서 다닌다.
(3) 그 대학을 졸업하면 즉시 취직이 될 것. 대학을 졸업하고 실업자失業者는 안된다.

이 조건 셋을 놓고 찾아보니 딱 하나, 내가 대학에 갈 곳을 찾아보니 있었다. '서울대학교 사범대학 국어과'가 있었다. 갈 대학, 갈 학과는 우선 정하고 보니 다음이...

아, 알아보니 거기를 가려면 나 같은 응시생이 전국에서 몰려 10대

1 정도 입시경쟁률이라고 하였다. 무서운 경쟁률, 겁이 났다. 입학할 목표는 섰으나 가슴이 무거웠다.

그러면 고3이 시작 된 나는 그 서울대학교를 갈 실력이 있는가? 없었다. 우리 학교 선배는 서울대학교에 많이 들어갔다는데... 벌써 고3이면 실력 올리기는 늦었다. 시간이 없다.

그렇다면, 실력이 없으면 대학을 포기할 것인가? 아니다. 그 대학에 가야 한다. 그렇다면...

고3 생으로 독을 품고, 악을 쓰고, 공부 실력을 올려야지... 지리산 정기 받은 촌놈인데, 주저앉을 수는 없다! 그런 독을 품고 상대할 과목이 수학, 영어였다. 국어는 그런 대로 하였다.

고3 여름방학 직전이었다, 절박切迫하였다.

그래서 먼저 영어에 매달리기로 하였다.

나는 이병주李秉柱 영어선생님(후에 숭전대 영문과 교수. 부총장)을 찾아갔다.

선생님은, 영어 단기완성을 말하는 무지몽매無知蒙昧하고, 애걸복걸哀乞伏乞한, 고3이 되어 한참인 나를 딱하게 보고, 한참 웃더니만, 중1에서 3까지 영어교과서를 다 독파讀破하라고 하였다.

그래서 나는 전주 시내 헌책방을 돌아다니며 영어교과서 24권을 사서, 40일 간 여름방학 전후 미친 듯이 영어에 매달렸다. 여름방학 중 학교에서 여름 특강수업을 하면서 22권을 보았다.

2학기에 들어 시험을 보니, 어느 정도 영어는 되었다.

사실 그때 영어 실력이 훗날 박사논문 자격시험 합격에도, 전공

영문 서적 읽기에도, 지금 영어성경을 보는데 밑천이 되었다고 생각한다.

다음은 수학이 공포물恐怖物인데...

2학기 들어 9월에 내가 찾아간 오민탁吳敏鐸 수학 선생님이, 내가 수학을 못 한다고 작년에 길고 딱딱한 출석부로 머리를 쥐어박던 2학년 담임선생님인데(출석부로 머리를... 사랑하니까... 여러분은 그런 경험이 있었나요? 나는 있었습니다!), 정말 무지몽매하고, 표정이 애걸복걸한, 수학 성적이 그러고 그런 나를 딱하게 보시고, 긍휼矜恤히 보시고, 혀를 끌끌 차고, 내 얼굴을 똑바로 보더니, 엄청난 말을 하였다.

"수학, 곧 대수代數와 기하幾何를 다 외우라(암송)."

내가 하도 딱해서 한 말이겠지만, 수학을 외우라고? 수학, 어떻게 외어? "왜 외어"는 알지만 "어떻게 외어"는 금시초문인데, 그래도 내 처지에 쌀밥보리밥 따지게 생겼는가?

공포물 수학을 잡는 데는 유일한 복음福音인데... 해 보자! 우선 기하부터 달라붙었다. 다음에 대수를 하고... 고전苦戰하고 분투奮鬪하여 몇 달 만에 수학의 공포恐怖의 벽壁을 어느 정도 뚫었다. 신통도 하지! 지금도 수학 몇 개는 암송한다. "루트" 같은 것, 기하 도형圖形 같은 것.

나의 논문에 도형과 공식(數學公式 같은 것)이 가끔 들어간다. 고3 때 수학 실력인가? 잘 하면 수학과로 입학했을 듯. 하하하. 착각 말라. 금방 수학이 공포물이라고 하고는, 다른 과목도 열심히 하노라고 하였다.

# 서울대 사범대 국어과에 입학.
# 그런데 치기만만稚氣滿滿!

1960년 4월 1일. 그래서 나는 소원한 대로 서울대학교 사범대학 국어과 17회 입학 학생이 되었다. 고3때 목표한 것, 원하는 대학에 입학, 그 꿈을 달성하니, 얼마나 기쁜지 모르겠다.

학비는 적게 들고, 가정교사인 고학을 하고, 시골 부모님에게 손은 빌리지 않고, 졸업을 하면 중고등학교 교사는 할 수 있고.

기뻤다. 공부할 목표를 달성한 듯, 출세길이 열린 듯, 우쭐하였다.

나는 대학입학 준비에 몰두하여, 장차 어떤 사람이 될지, 무엇을 전공할지, 어떤 사업을 할지 목표를 세우지 못하였다. 그때까지. 그저 대학입학. 그것이 희망일 뿐이었다.

원대한 꿈, 이상理想, 야망野望, 앰비션ambition... 없었다. 사대師大 나왔으니까 중등학교 교사 자격증은 나오겠지, 선생은 하겠지, 정도만 막연히 꿈이었다.

그래도 입학 직후 가슴이 설렜다.

"자, 소원대로 좋은 대학에 들어왔다. 본격적으로 공부를 해 보자!"

그런데... 그것이 아니었다.

정작 대학 강의를 들어보니 신입생으로 건방진 생각이지만, 좀 싱거웠다. 별것이 아니었다. 좋다는 대학의 수업은 그리 만족... 아니었다. 솔직히 고3 수업만도 못하였다.

그렇다면 고3 때처럼 불철주야不撤晝夜면 될 것이고, 매일 긴장을 할 필요가 없었다.

고3 때처럼 며칠 "불이 붙으면, 벼락치기공부를 하면" 중간 성적은 딸 것 같았다.

그렇다면 가정교사와 자취를 하는 중에도, 학과 공부도 하고, 다른 공부도 많이 할 것을 찾아보았다. 그것을 공책에도 적어 보았다.

- 우리 학과 공부는 적당히 하자. 할 수 있다면 소설도 써보고, 시詩도 써보자.
- 대학에서 대학생으로 (돈이 되는 대로) 청춘과 낭만을 즐기자. 꿈을 한껏 펼치자.
  다양한 분야에서 폭넓게 살자. 멋진 삶은 준비하자. 지도력指導力과 창의력創意力과 체력體力 등등에서 활동 능력을 기르자. 웅변이나 토론이나 발표 능력을 높이자.
- 사범대학을 다 빨아들이자. 서울대든 다른 대학이든 가서 강의

도 듣자. 사범대학 다른 전공 공부를 하자. 우리 과 교수도 물론 알고, 다른 과 교수도 알자.

다른 과 대학생과 친구를 삼자. 대학 과외활동(서클. 곧 지금 동아리)에 많이 가입하자.

대학 외에 공부할 것은 부지런히 찾아다니고 공부하자. 공부도 다양하게 하자.

‣ 취미도 살리고, 여행도 하고, 등산도 하고, 운동도 하고, 싸움기술(격투기格鬪技)도 익히고, 외국어도 공부하고, 외국인을 만나면 자유롭게 회화會話도 하고, 영화도 많이 보고, 책도 많이 읽자. 동양과 서양과 한국의 고전古典을 닥치는 대로 읽자. 영어성경을 읽자. 우선 삼국지三國志와 수호지水湖志를 현토본懸吐本으로나 원문으로 읽어치우자. 중국어 일본어를 좀 알자.

외국 유학은 못해도 국내에서 유학생 수준으로 공부하자. 가능할지 모르나 유학을 갈 수 있으면 가고.

‣ 할 수 있는 대로 착실하도록, 탈선하지 않도록, 어머니가 소원하는 것이니 종교생활(기독교 중심)도 하자. 다른 종교에 대하여 공부도 하자(유교. 불교. 무당 등)... 이단異端은 조심.

‣ 일찍이 감동을 받은 이광수의 소설 "흙"처럼, 심훈의 소설 "상록수常綠樹"처럼 사대師大와 농대農大, 교육과 농촌발전을 한번 생각하여 보자.

지금 생각하여 보면 하나가 빠졌다.

〈연애하자. 여자를 사귀자...〉인데, 내가 그 방면에서는 좀 어려서 그런가, 여자 사귀기라면 자신이 없어서인가, 여자를 신비롭게 보아서인지, 여자를 사귀다가 보면 이런 꿈들을 이루지 못할 것이라고 보는가, 여자 사귀기에 시간을 빼앗긴다고 보는가, 하여튼 여자를 사귀려면 돈이 있어야 하는데, 돈! 우리 과 입학 동기생 중 여학생이 몇이 있었는데. 여학생에게 박력있게 거친 말은 하였지만 달콤한 말을 못하였다. 그러니 인기가 있을쏘냐? 다른 과 여학생은 서클에서 만나 친구로 사귀었다. 더 이상 진전은 없었다.

나는 촌놈인데다가, 세련하지 못하고, 돈도 없고, 하여튼 자신감이 없어 "여자"는 빼고...

"여자야 언제인가 생기겠지. 이래 뵈어도 애인이나 신랑감으로는 A학점이거든. 하하하. 나만한 놈 있으면 나오라고 해!"

이렇게 변명하고 말았다. 여자들 뒤에서 큰소리군.

사실 여자사귀기보다 자유분방自由奔放한 대학생활이 먼저였다.

여자는 빼고... 이것을 대한 시절에 다 한다고? 신입생이 이런 포부를 가지고 실천한다고, 꿈은 다채롭고 오지다마는, 몸이 열 개라도 못할 것 같은데...

치기稚氣만만滿滿, 객기客氣만만, 탈선脫線만만, 의욕意欲만만, 휘황輝煌만만, 찬란燦爛만만 이었다. "전공專攻과 학문學問만만"은 뒷전으로 몰렸다.

위를 보라. 향가나 춘향전이나 문법론 같은 전공은 하나도 없지 않는가?

이것이 그 소원하던 대학에 들어온 학생이 할 계획이 아닌 것은 나는 알기는 하였지만, 이런 외도外道만만으로 나아갔다.

왕십리, 마장동에서 하숙을 한 보름간하면서... 똑똑한 우리 과 친구 40명과 사귀어갔다. 졸업 후에 친구 중, 교수, 교사, 교장, 교감, 장학사, 학원 원장 등 교육계에 대부분 나갔는데, 언론인, 외교관, 사업가가 나오기도 하였다. 우리 과의 쟁쟁한 인재들. 행복을 안겨 준 벗들.

그 중 교수를 들면, 김광웅金光雄(제주대. 국어학), 김광휘金光輝(사이버대학. 작가), 김봉군金奉郡(가톨릭대. 현대문학), 박진길朴鑛吉(중앙대. 독문학), 송정헌宋政憲(충북대. 한문학), 이석주李奭周(한성대. 국어학), 이정근李正根(서울신학대학. 기독교교육, 미국 L.A. 유니온 교회 목사), 차배근車培根(서울대. 정보통신학), 한상무韓相武(강원대. 현대문학), 나 최래옥崔來沃(한양대. 고전문학) 등이다.

나는 술은 약간하고(후에 끊었다), 담배는 처음부터 안하고, 웃기는 일에는 "한가락"하였다. 웃고 즐기고 살자며!

나는 또 활동 범위를 첨가하였다. "와이엠시에이YMCA" 리크레이션 강사를 하고 싶었다. 내 나름의 "쇼"를 만들고 공연하고 싶었다. 그래서 나의 별명 "뱀장사"가 되었는가... 내가 창안創案한 "타령 십전가, 심청가..." 만담가인가.

정말 노는 데는 〈대학생다웠다.〉 그때 대학생은 "놀고먹는 대학생"으로 낮게 평하던 때인데, 나는 높은 대학생과 낮은 대학생, 두 몫을 하였다.


나는 도대체 엉뚱한 곳에 의욕意欲을 쏟은, 돈키호테 같은, 이단아異端兒 같은, 뚱딴지 같은 신입생이었다. 대개 신입생이 그런 경향이 있다지만 나는 좀 심하였다.

　전공을 접어두고 탈선을 일삼는 나를 본다면 부모는 안타까워했을 것인데, 부모는 모르고, 정열과 의욕은 넘치는데, 달려갈 방향이 혼선混線, 다양多樣, 다면多面, 다로多路라.

　나는 정리가 안 된 채로 질풍노도기疾風怒濤期 속의 사나이였다. 정열의 사나이… 그 소용돌이의 입구入口에 서서 빨려들어가려고 광기狂氣를 부린 지리산 촌놈이었다!

# 대학 신입생으로 4·19에 참가

그렇게 들뜬 나에게 불붙은 데에 기름을 붓는 듯한 열화熱火 같은 충격이 입학 보름만에 들이닥쳤다. 바로 4·19였다.

1960년 4월 1일 입학, 입학 보름 만에 4·19날.

나는 신입생으로 무엇도 하나도 모른 채, 서울 지리도 전혀 모른 채, 대학 정문에서 어깨동무(스크람)를 짜고, 선배들을 따라 사대가 있는 용두동(지금 지하철 1호선 제기역 근처)에서 구보驅步하여, "신설동 - 동대문종로 - 광화문 - 효자동 경무대 앞"까지 갔다.

무슨 애국활동이니 주장이니 사상이니, 이런 것이 없이 선배가 뛰니까, 남들이 뛰니까 그저 뛰었다. 서울에 처음 왔고, 신입생이고, 학교의 낭만 즐길 계획도 벅찬데, 무슨 시국時局, 국가관國家觀이 있으랴? 그저 주견主見없이 뛰었다. 달렸다.

효자동 경무대 앞 길에서 지키는 경찰인지가 우리 데모대(맨 앞에 사대생이 있었다)에 총을 쏘고, 나는 길가 옆집에 도망쳐 들어가 그 집 부엌 아궁이에 머리를 쳐박고. 그 집주인 겨울에 먹은 무를 담은 가마니를 엉덩이에 덮고, 쫓기는 꿩처럼, 아궁이에 머리를 쳐박았다.

결국 나는 다행히 살고, 다시 길로 나와 누구인지 모르나 총을 맞은 남자를 차에 실어주고, 다시, "광화문 - 시청 광장 - 덕수궁 돌담길 - 대법원"에 들어갔고, 계엄령이 내려 다시 학교로 오는데, "대법원 - 경교장 앞 - 서대문로타리 - 염천교 - 서울역 - 지금 지하철 4호선 회현역 - 충무로 - 대한극장 - 을지로 5가 - 종로 5가 - 서울대 본부(지금 대학로, 혜화역. 여기서 트럭을 타고) - 용두동 서울사대 - (다시 걸어서) 마장동 하숙집"에 당도하였다.

하나도 먹지 않고 하루 내내 뛰고, 걷고, 데모하였다.

무슨 애국심인 정의감이니... 다 없었다. 그저 뛰고 도망가고 쉬고 또 걷고...가 전부였다.

다음날 부모님께, "공부 잘 하고 있다"고 걱정을 할까 보아 안심하시라는 엽서를 띄우고, 다음날 부상당한 학생들이 있는 병원 찾아가서 위로하면서.

"부상당한 당신이 못다 한 나라사랑은 이번에 살아난 내가 하겠다."고, 살아남고 몸이 성한 나는 미안하여 한 말인데, 그 말이 60년이 지난 지금도 실제로 나의 가슴을 누른다.

나라사랑을 한다고? 나라사랑이 무엇인데? 어떻게 하는 것인데? 나라사랑... 우리 집 옆에 우이동 '국립 4·19 민주묘지(현재名)'이 있다. 우리 구인 강북구청에서 4·19 기념축제를 한다. 나는 무덤덤하고.

이승만 대통령이 하야下野한 후 나는 고향 집에 갔는데. 집이 말이 아니었다. 4·19날 내내 46살 난 어머니는 15번째 출산을 하려고 심히 진통중이고, 방송을 들어보니 서울대 사대생이 죽었다고 나왔다(실제로 우리 과 선배 손중근 형이 총 맞아 죽었다)고 하니, 아버지는 공포에 떨어 하나님만 찾았다.

신앙에 대하여 "별로"였던 아버지는 그때 "열심"이었다.

"노산老産인 각시도 살고, 태중胎中 아기도 살고, 서울 간 20살 큰아들도 살려주소서…"

그런 직후 서울에서 내가 집에 내려오니까, 아버지는,

"너 아니라도 나라를 위해 죽을 사람은 쌔버렸어(많아)!

너는 우리 집에서 하나여. 하나여. 아 -

하여튼… 죽지 않고 살아와서 고맙다."

하고 나를 붙들고 울었다. 아버지가 처음 이런 모습을 보이다니…

아버지는 나가서 친구랑 술을 드셨다.

4·19 최연소대학생 참가자로 나라사랑은 무엇인가?

# 다양한 활동을 한 대학생, 기막힌 일을 한 대학생

1학년, 2학년, 가정교사, 군복무, 제대, 복학, 가정교사, 3학년, 4학년… 1960년 4월 입학하고 1965년 9월에 졸업할 때까지 휘황찬란輝煌燦爛한 대학생활을 보고하겠다.

**1. 서클(동아리)에 많이 가입하였다.**

1) 아동문학회: 지도교수 임석재任晳宰(1903~1998. 경성제대 제 1회) 교수님을 만났다. 교수님은 자기 아들처럼 나를 사랑하고, 나도 교수님 자제와 친하였다. "선생님 일화逸話 50편"을 "인간 임석재"책에 썼다. 선생님은 나를 구비문학과 민속학을 공부할 계기를 만들어 주고, 이 서클은 아동문학과 학문의 길잡이가 되었고, 오늘까지 나를 복되게 만들었다.

2) 농촌계몽대(후에 향토개발회): 심훈의 "상록수"대로 살고 싶어서

참가하고, 농촌계몽활동도 하였다. 경북 의성군, 전북 장수군, 충남 예산군에 가서 계몽, 봉사활동을 하였다. 대원은 이론理論과 활동活動을 겸한 정열가情熱家!

나는 대구에 있는 경북대학교가 주최한 '전국대학생 농촌문제 토론회'에서 일등도 하였다. 내가 일등을 하다니! 와!

'가나안농군학교'도 가 보고, 그때 젊은이에게 큰 영향을 미친 수원에 있는 서울대 농대 유달영柳達永 교수도 찾아가 보았다. 선생님과 별로 대화는 못하였으나, 수원을 찾아간 열정熱情은 추억으로 남는다. "사상계"사 장준하張俊河 사장을 초청하여 강연을 들었다.

또한 국가를 부흥시킨 세계 역사상 인물(덴마크의 달가스. 터키의 케말 파샤, 인도의 마하트마 간디 같은 분)을 공부하였다.

그런데 내가 사대 출신으로 교육과 농촌을 묶는 '상록수' 같은 사업을 하겠다면, 부모님은 고생 막심莫甚인 농사짓기를 말라고 자식을 대학에 보냈는데, 큰아들 내가 부모님처럼 고생인 농사짓기를 한다면 부모가 싫어할 것이라, 나는 실천은 못하였다.

그 대신에 방향을 바꾸어서, '농촌, 농민에 전공인 국문학을 대입'한 '구비문학口碑文學'을 전공으로 삼았다. 그러므로 나에게는 구비문학은 '상록수 정신'의 다른 말이 되겠다.

3) 가라데반: 당수唐手를 가르치는 학생들 자율自律인 가라데반에 들어가 수련하였다.

3급을 받았지만(애개개... 겨우 그것이야!), 대학생으로 사는데 주눅은 들지 않았다. 그때 주눅들 일이 있었다.

그것으로는 좀 부족하여 서울 신당동 중앙시장 옆에 있는 성동체

육관(김나지움. 지금도 있다. 역도부)을 다녔다. 보디빌딩대회는 못 나갔지만 기름 대신 물을 바르고 알통을... 하하하.

공부를 하러 객지에 온 촌놈이 살 길은 건강이라고 생각하고, 그런 본격적인 운동 말고도 냉수마찰, 평행봉, 역도, 아령, 곤봉, 맨손체조, 엎드려뻗쳐(팔굽혀펴기) 같은 운동, 등산과 탐방探訪, 원더링 wandering(여기저기 돌아다니기), 달리기, 속보速步 같은 운동도 하였다.

지금도 일부는 하고 있어서, 건강에 대한 책도 보고 건강을 유지하고 있다. 건강 비결로 "사(4)자주의를 지어 실천한다. 주의主義라니까 거창한 것 같은데, 평생 사자주의는...

"잘 먹자 놀자 웃자 자자"

이다. 지금도 사자주의를 금과옥조金科玉條로 삼고, 실천 중!

4) 우석愚石장학회: 대한교과서 주식회사 김광수金光洙 사장이 선친 우석 김기오 선생의 이름을 따서 장학금을 주는데 나는 장학금을 받고 활동하였다. 많은 선배 후배를 사귀었다.

그 회사가 지금은, '미래엔'이 되었는데, 유학영柳鶴永(장학사. 교장. 월인천강지곡月印千江之曲 연구가, 전주고와 서울사대 국어과 동창) 박사와, 오세영吳世榮(시인. 박사. 서울대 국어국문학과 교수. 전주에서 고등학교 때부터 친구) 교수와 같이 고등학교 '문학 교과서'를 공저하였다. 장학금을 받은 보답이 되는지 모르겠다. 나, 그래도 장학생이라고요!

5) 기독학생회: 기독교학생회에 참가하였다. 선배, 동기, 후배와 어울려 행복하였다. 지도교수인 김석묵金錫穆 교수의 사랑을 입었다. 대학생활에서 탈선을 막은 서클.

지금 서울대기독학생회 모임 회원이다. 한 교회에 30살부터 지금까지 54년간 개근, 출석 중이다. 착실하군!

6) 잠시지만 '산악반'과 '서예반書藝班' 활동도 하였다.

## 2. 다른 강의도 들었다.

1) 사대 생물과. '식물형태학': 이웅직 교수 담당. 학점이 있다(1961). '문화도 생물!'이라고 후에 학문에 수용.

2) 문리대 고고인류학과 '한국민속학': 우리과 이두현 교수 담당. 선생님이 그 과에 출강한 것을 나는 문리대가 있는 대학본부(지금 대학로)에 걸어가서 들었다. 학점이 있다(1962).

3) 문리대 국어국문학과: '구비문학': 학점 있다(1964). 장덕순 교수 담당.

같이 배운 조동일(서울대 교수), 서대석(서울대 교수). 조희웅(국민대 교수)를 만나 후에 대학원에 들어가서, 석사와 박사를 같이 받고, 다 교수가 되었다. 서울대 구비문학파口碑文學派를 만들고 다 '구비문학口碑文學' 책 저자가 되었다.

4) 사대 역사과와 사대 독어과 청강: 학점은 없다.

5) 동국대학교에 가서 양주동梁柱東(1903~1977) 박사의 "향가 강의"를 한 시간 들었다.

## 3. 가정교사(도합 4집에서)를 하였다.

야학夜學 선생(미아리 삼양초등학교 뒤 지역사회개발학교)을 잠시 하였다.

### 4. 기타 활동

등산(백운대, 도봉산, 수락산, 불암산, 아차산, 용마봉, 남한산성, 관악산, 인왕산, 지리산...), 왕릉과 궁궐 탐방, 서점 순례(청계천 헌책방, 종로 3가 세창서관 〈거기서 산 "현토懸吐삼국지" 완독〉. 인사동 서점), 20곳 남짓 값싼 극장에 가서 황홀한 영화 관람, 전차를 갈아타는 동대문 옆에서 뱀장사 구경과 습득(웃기는군. 후에 "뱀장사, 비아미장사" 공연公演 제일인자가 되었다. 하하하). 걷기(한 예: 마장동에서 의정부를, 100리 길을 당일 걸어갔다 오기. 서울 근교를 원더링, 곧 돌아다니기). 일기는 쓰다 말다... 노래는 좀...

학원다니기(일본어학원, 종로 3가 단성사 옆 동방속기학원). 전설조사 하기(노인정, 양로원, 전설 현장 찾기).

의복은 동대문시장 남대문시장에서 해결. 머리는 이발학원에서 실습교재로 싸게. 면도할 때 피가 좀... 하하하.

### 5. 충격적인 사건. 그 사건 해결자解決者가 되다.

그런데 정말 경험하지 못할 충격을 준 사건이 두 번이나 있었다. 아마 다른 대학생은 그런 충격이 없었을 듯.

대학 2학년 때, 1961년 5월 14일 일요일, 5·16혁명이 나기 이틀 전, 고향 운봉학교 1년 후배 이李군이 연세대 국문과에 입학하고 나서, 청량리역 뒤 전농동에서 내가 친구 둘이랑 자취하는 집에서 잠시 있던 중, 광나루 근처 한강에 목욕을 가서 그만 익사하였다. 정말 큰 사건이었다!

70세 노인인 아버지와, 3대독자인지라 가까운 친척인 8촌 형이

상경하고, 두 분이 비탄悲嘆 속에 한강, 배 위에서 몸부림을 치는데, 나는 물에 뛰어 들려는 늙은 아버지를 말려야 하고, 나 혼자 3일 만에 이군의 시신을 한강에서 찾아서, 강변으로 거두고, 한강가 밭에서 관을 짰다. 지금 동서울터미널 자리다. 돈이 없어 얇은 판자로 관을 짰다.

나는 맨 정신으로는 이 일을 못할 것 같아서 진로소주 한 병을 마시며 취중醉中에 장사葬事, 비몽사몽非夢似夢 중 장례를 잘, 다 치렀다.

홍제동 화장터에 갔다. 화장터에 간 사람은 가족 외로 나 하나였다. 이군의 장례의 모든 일을 해결을 할 사람은 나 혼자였다. 돈이 들었을 것인데 어떻게 돈이 생겼는지 모르겠다.

지금 생각하면 가히 초인적超人的 활동이었다. 당하니까 별 수 없이 하였다, 혼자 해결자로. 지금 같으면 못하겠다.

그때가 중간고사 때라, 시험을 제대로 볼 수 없었다. 아는 대로(아는 것도 별로 없지만) 대충 쓰고 광나루 사건 현장을 갔는데, 그래서인지 영어와 전공 학점이 과락 D학점이 나왔다.

제대 후 재수강하였다. D학점은 지금 F학점이다. 허 참. 박사가 공부 되게 못했군... 하겠지만.

대학 2학년 생이 상주喪主와 호상護喪과 장례인葬禮人을 겸한 사건, 충격적인 사건 해결자였다. 그때 현장에 조문弔問 온 연세대 학생이 후에 나보고, "무서운 모습이 수호지에 나오는 흑선풍 이규 같더라고..." 아무도 나를 돕는 사람은 없고, 이군의 나이든 아버지의 발버둥을 맞고, 막고... 하였다.

이군의 아버지와 형을 서울역에서 잘 가라고 작별한 후 집에 와

쓰러져서 잤다. 얼마나 깊이 오래 잤는지 모른다. 그 밭에서 한강가 모래를 파서 차에 딛고 사는 노동자들과 작은 천막에서 자면서 소주를 들었는데... 나는 자면서 꿈에 소주를 들었다. 그런 나는 지금 장로長老다.

### 6. 그런데 또 충격적인 사건. 또 해결자.

두 달 후 7월 하순, 고향(전남북 일대, 순천, 남원 등이 극심하였다)에서 수재水災가 나서, 내가 급히 고향에 내려가, 주장主張(主將)하여, 청년들이 끊긴 길과 사라진 다리를 복구하던 중, 부모님이 안 계시고 여동생하고 둘이 사는 친구인 박朴군이 심장마비로 익사하였다.

수해복구 사업을 하자고 나는 서둘고, 친구들은 그러자고 한 공사인데, 친구가 그렇게 갔다.

내가 서둘지 않았더라면 박군은 무사하였을 것인데, 여동생은 나를 붙들고 한없이 울었다. 그 모습이 지금도.

"오빠 오빠..." 하고 나를 붙들고 울던 그의 여동생은 후에 원불교의 열심신자가 되었다는데, 그 뒤 소식은 모른다, 마음 아파서 알려고도 않고. 말할 수 없는 고통 중에서 내가 중심이 되어, 홍수가 휩쓸고 간 천변川邊 자갈밭에서 친구의 장례를 치렀다.

나는 평생 처음 조사弔辭를 짓고 읽고, 상여를 메고, 공동묘지에 매장하였다. 처음부터 끝까지 친구가 가는 길, 친구의 장례에서 상주喪主 노릇을 하였다. 부모 없는 박군의 상주.

도대체 제 정신이 아니었다. 그 때도 소주를 한 병을 마셨다. 취중장사醉中葬事... 상주와 호상과 장례인... 친구 장례 주관자主管者,

이런 이름을 써야 하는 대학 2학년 나.

  5월과 7월, 두 달 사이, 평생 못할, 두 번이나 내 손으로 장례를 치른 대학 2학년 나. 해결자. 다른 대학생과 달랐다.

### 7. 두 몫 대학생으로 살기. 초등학교 교사 자격증 갖기

  1학년과 2학년 때까지 강의실에서 강의를 받을 때는 뒷좌석에 앉아서 겨우 "따라가는 공부"를 하고, 교수님과는 별로 친분을 못 나누고, 교수님도 나를 주목하지 않고, 입학동기 친구들과는 잘 사귀었는데, 그만 3학년 초에 군대에 간 바람에, 1년 반 만에 제대하고, 복학을 하니, 입학 동기 친구들은 다 졸업하고, 1963년에 사대 국어과(사대 거의 전부 학과)를 5·16군사 혁명정부가 무슨 이유인지, 사대가 미워서인지, 무슨 억하심정으로 사대를 없애려는 것인지, 신입생 입학을 막고 없애버려서 후배가 없는 마당에 처하여, 제대除隊 복학파復學派와 6명과 어울렸고, 대학 입학한지 5년 반만(1960.4~1965.9)에 교사 자격증 하나를 받고, 고3 때에 목표를 한 그 좋다는 대학을 졸업하였다.

  강원도 주문진 중학교 교사로 발령이 났는데 가지 않았다.

  대학을 1965년 9월 가을에 졸업하고, 서울교육대학(지금 지하철 2호선 한양대역 근처)에 가서, '초등학교 교사 자격증취득 연수'를 한 달간 받고 초등학교 교사 자격증을 취득하였다. 한 번도 초등학교 교사는 못하였지만, 그때 기초적인 음악, 미술, 체육을 공부하였다.

  훗날 나는 노래가사 짓기(동요, 건전가요 가사. 찬송가, 군가)에 열을 올리고, 남에게 부탁하여 20곡 이상 작곡이 되고, 나도 한 편은 작사,

작곡하였다. 그때 음악공부를 한 덕이다.

## 8. 약혼하기, 일 년 후 결혼하기

그런데 정말 큰 수확이 있었다.

바로 연애를 할 수 있게 되었다. 신입생 때는 목표에 넣지도 않았던 '연애'였는데 우리 동기 중 3번째로 빨리 결혼을 하였다. 연애와 결혼은 에헴! 이런 것이다!

임전무퇴臨戰無退, 속전속결速戰速決, 일사불란一絲不亂, 저돌맹진猪突猛進, 수화불시水火不辭였다. 군대에서 얻은 말을 연애에 적용한 것. 연애에 무슨 고사성어 나열이뇨?

가정교사집 딸(사실은 가르치는 아이의 고모) 김양과 연애하고, 졸업 다음날(1965년 9월) 약혼하고, 이듬해 대학원 다닐 때(1966년 10월 9일. 한글날) 결혼하였다. 딸 5명을 낳았다. 대단!

신혼방은 아현동 단칸방. 전세금은 불문不問!

⟨신혼여행 보고서⟩
- 신혼여행 형태는 해외여행海外旅行(바다 건너 가기).
- 신혼여행지는 "네이처 NATURE 아일랜드(자연 환경인 섬)."
- 구체적 명칭은 인천 앞 영종도永宗島(지금 인천국제공항 자리).
- 구체적 행동은 라이스 로드 원더링 rise road wandering(논길걷기).
- 신부 만족도는 상上.
- 종합평가는 "웃기는군!"

## 9. 종합정리

공부는 건성, 외도外道는 극성, 연애는 착실. 하하하.

대학생 때 어떻게 본도本道나 외도外道를 거의 다 완수하였는지, 마구 휘젓고 다녔는지, 나도 모르겠다. 휘황찬란輝煌燦爛인지 질풍노도疾風怒濤인지 의욕충만意欲充滿인지.

감기는 한두 번 걸리고, 병원에 간 일도 없고, "세 끼"를 굶은 적도 없고, 불면不眠이나 우울憂鬱이나 염세厭世나 고뇌苦惱나, 견분철학犬糞哲學(개똥철학) 등은 "저리 가라"였다. 현실주의자로. 하여튼 "청춘은 아름다워라"였다. 대학생으로 열심熱心(十心), 열한심, 열두심으로 살았다.

이런 대학생이 다 있구나. 그 대학생이 나다! 대학생이 또 된다면 또 그렇게 살고 싶다!

# 군대가서 대오각성大悟覺醒

1년 반 짜리 군복무를 하는 학보병學保兵(군번 0046135)으로 후방에서 고된 훈련을(학보병은 고생이 많다), 학보병이 반드시 가는 전방(강원도 고성군 간성 근처. 건봉사乾鳳寺 근처. 진부령 너머)에서 긴장하며, 군복무를 하였다. 시간을 내서 설악산도 가보고, 6·25 때 불탄 건봉사 절터도 가보았다.

나는 전후방에서 군복무를 하는 중에, 보초를 서면서도, 이를 악물었다.

"나는 지금까지 전공 공부보다 공부 바깥 것에 열중하였다. 제대하고 복학하면 제대로 공부를 하자. 대오각성大悟覺醒, 심기일전心機一轉, 재생再生하고 부활復活하자.

일류대학생답게 일류인생을 살자!

지금까지는 후회는 않는다. 좋은 경험으로 삼고 공부에 일로매진

一路邁進하자.

    나의 정열을 심여철석心如鐵石, 일시관석一矢貫石(화살을 하나를 쏘아 돌을 뚫는다. 이 말은 내가 지은 말)! 학문에 돌진突進!"고 뒤늦게 철든 말을 하였다. 그런다고 군복무를 소홀히 했느냐 하면 천만에 표창장을 받을 뻔(?)하였다. 하여튼, 군대 가서 사람이 된다더니 그제야 내가 사람이 되는구나.

    나는 제대를 하였다. 초라한 제대복이 곤룡포袞龍袍 같았다. 전방에서 온 제대병의 곤룡포. 무사히 입은 곤룡포.

    복학하여 과락科落 2과목을 재수강하였다. 어찌 되었건 평균 B학점이 되었다. 학점이 있건 없건 공부한 것을 다 합치면 180학점(기준은 160학점)이나 되었다. 많이도 공부하였네그려. B학점을 받아야 대학원에 갈 수 있다.

    그러면 도대체 나는 공부꾼인가? 놀자꾼인가? 행동行動꾼, 동물動物(움직이는 사람)이었다.

    그래서 혼자 웃었다. 졸업은 1965년 9월 25일, 그 날.

    "그래도 학교 공부는 열심히 하기는 하였군. 그 공부 폭은 넓은데 공부 깊이는 좀 얕구먼... 내일 약혼을 하니 인생공부와 청춘공부는 합격이군. 하하하. 너 잘났어! 최래옥!"

# 구비문학 정의定義. 구비문학 동지

## 1. 구비문학의 정의

나는 20대에 뜻을 두고 오늘까지 공부해온 구비문학, 특히 설화에 대한, 이번에는 속신어까지를 상대하여 "구비문학의 문학文學이 됨"을 정리하여 본다.

구비문학이 문학(주로 산문散文. 영화 시나리오를 참고)이 되려면 아래와 같은 문학이 될 조건이 있어야 한다.

### 1) 지식교훈성知識敎訓性

문학은… 독자나 구연자口演者가 작품에서 어떤 교훈, 지식, 유익有益 등 얻는 바가 있어야 한다. 내용에서 창조적創造的 발상發想이 있어야 하고, 형식에서 견고한 틀(형태形態. 문학 장르. 미美가 중심)가 있어야 한다. 그 내용과 형식이 지식과 교훈을 준다. 문학가는 공부도 하고, 상상력도 있어야 한다.

그 내용은 인생공부, 역사공부, 자연공부, 신선新鮮(새로움)공부 등등 공부가 되어야 한다. 그 문학을 접하고 나서 알맹이가 되는 남을 것, 얻을 것이 없다면 안된다.

### 2) 흥미오락성興味娛樂性

문학은... 재미가 있어야 한다. 무미건조無味乾燥하여 아무런 감화感化, 감동感動을 주지 않으면 존재하거나 전승할 이유가 없다. 전승할 이유를 예술성이나 미美로 본다.

여기서 미美는 아름다움이 아니고, 그 예술이나 문학이 사람에게 어떤 큰 매력魅力을 주고, 많고 큰 재미를 주고, 당시나 나중에 감동을 준다는 존재할 이유이다. 곧 '재미'이다.

옛날이야기라면 사람이, 어린이가 듣기 좋아한 것은 이런 것이다.

"듣기 좋은 재미있는 이야기 해주세요. 슬픈 이야기, 무서운 이야기 해주세요. 귀신이야기..."한다. 그 '재미'이다.

옛날이야기를 밤을 새워 듣는 것, 흥미와 오락을 말한다. 영화나 연극이나 소설이나 오페라나 무릇 스토리가 있는 것은 아래 4가지 미美가 있기 때문이다. 재미있는 소설, 재미있는 영화, 재미 있는 연극, 그 재미가 문학의 미美이다.

- 희극미喜劇美: 재미있다. "아, 웃기고 재미있는 옛날이야기... 작품을..."
- 비극미悲劇美: 슬프다. "아, 눈물이 나는 슬픈 옛날이야기... 작품

을..."
- 공포미恐怖美: 무섭다. "아, 벌벌 떠는 무서운 옛날이야기... 작품을..."
- 추악미醜惡美(괴기미怪奇美): 징그럽다. "아, 더럽고 징그럽고 괴상한 옛날이야기... 작품을..."

3) 실행구연성實行口演性

문학이라면... 문자로 된 기록문학(소리내 읽기 해당)과 달리 구비문학은 동작으로 현실화現實化되어야 한다.

민요는 곡조로, 무가巫歌나 판소리는 창唱으로, 가면극은 연희演戲로, 설화는 구연口演, 구술口述로 문학이 문학임을 현장에서 증명한다. 그때 개성個性과 특색이 드러난다.

같은 이야기라도, 같은 연희演戲라도 공연公演하고 연기演技하고 구술口述하는 사람에 따라 그 문학의 "맛"이 달라진다. 알맹이를 잘 포장包裝하고, 잘 표현表現하여야 한다. 구비문학 원자료는 같지만, 실연實演에는 개성과 창조성創造性이 들어간다.

같은 이야기라도 갑甲이 구수하게 이야기하면 바짝 다가와서 듣고, 을乙이 밋밋하게 이야기하면 다 가버린다. 구비문학은 구연口演을 실행하는 것이 중요하다.


4) 유익보상성有益補償性

문학의 효과와 이득은... 그 문학을 보니, 들으니, 열등감劣等感이 우월감優越感으로, 낙망에서 희망으로, 위축萎縮에서 생기生氣로 유익하고 어떤 보상補償을 받을 수 있다.

"살맛이 난다. 다시 일어나야겠다. 속이 시원하다. 암, 마땅히 그래야 한다. 내 경우와 어쩌면 똑 같네. 잘 풀고 나간다. 저 이야기대로 나의 소원이 풀렸으면 좋겠다.

저 구비문학에서 있음직한 것(허구虛構. 허상虛像. 가상假像)이 실제로 있는 듯하다(실제實際. 실사實事. 실상實像). 실제 그 문학이 현실이 되기를 바란다. 문학을 소유하는 사람의 실제 소원을 구비문학에 숨겨 두었으니, 그 비유比喩와 상징象徵을 찾아야 한다. 문학은 진선미眞善美가 있어야 한다. 예컨대 현실에서 불의不義가 행세한 것을 문학에서 징벌懲罰한다. 정의와 진리는 살아있다. 와 신난다..."

문학에는, 기록문학이든 구비문학이든 이런 감동이 와야 한다. 감동은 유익이요 보상이다. 곧 문학은 이득을 준다.

5) 속신어도 문학, 구비문학이다.

속신어도, 1) 교훈이 많이 강하게 있고, 2) 어떤 난문제難問題를 풀어줄 흥미가 있고, 심사숙고深思熟考할 재미가 있고, 활연대오豁然大悟로 깨달음이라는 오락娛樂이 있고, 3) 속신어를 듣고 받아들인 사람에게 어떤 좋은 행동을 요구하는 실행實行이 있고, 4) 속신어를 지켜서 병이 나았고, 좋은 인간관계를 얻고, 죽을 자리에서 벗어나 생존生存하고 궂은 자리에 벗어 나 좋고, 바람직한 생활生活을 하는 등등 이득이 있다.

언뜻 보면 짧은 글인 속신어는 문학으로 보이지 않지만, 수수께끼를 풀 듯, 속신어에 담겨있는 깊고 오묘한 원리原理(철리哲理, 이익利益)

를 찾아가면 단편소설 하나를 본 듯, 시 한 편을 읊조린 듯, 연극 한 편을 본 듯하는 효과가 있다. 이 효과는 문학임을 증명한다. 그 증명을 하기 위하여 속신어사전이 '설명하는 사전' 모습이 되었다.

한 예를 들어, "속신어사전"에도, 이 책 맨끝에 있는 "의붓어머니의 한恨"에서도 찾아볼 수 있다. 드러난 속신어는 짧지만(口碑短文), 그 담겨진 내용은 문학 한 편이 되니까 말이다.

정리한다면, 짧은 구비단문 속신어도 위에 말한 것을 다 담고 있다는 말이다.

바로 속신어가 구비문학에 들어갈 이유이며, 생명력이 긴 '일반문학'에 들어갈 근거根據이다.

입으로 전해오는 구비문학(속신어 포함)은 문학의 조건을 다 충족하여, "문학"이라고 정의定義하겠다,

## 2. 구비문학의 동지를 만나다.

학문은 혼자 할 수 없어 학문 동지가 있어야 하는데, 나는 다행하게도 있었다.

내가 제대 후 1964년 문리대에 가서 장덕순 교수가 강의하는 '구비문학론口碑文學論' 과목을 가서(용두동 사대에서 동숭동 문리대까지 걸어가서) 들었다.

16명 수강생 중 사대생은 나 하나뿐이었다.

그 때 수강생 중에 훗날 같이 학문의 길을 걷는 학우學友인 성현경成賢慶(서강대 교수, 고전문학), 정광鄭光(고려대 교수, 국어학), 임형택林

熒澤(성균대 교수, 한문학), 홍윤표洪允杓(연세대 교수, 국어학), 김문창金文昌(인하대 교수, 국어학) 형 등 여러 분과 사귀었다. 또한 그 수강생 중에는, 학문의 동지, 동학同學, 반독인伴讀人 셋을 만났다.

1958년 불문과에 입학하고 졸업하고 대학원에서 석사논문을 쓰던 중 뜻한 바가 있어서, 4년을 낮추어 국문과 편입한 조동일趙東一 형과, 1961년에 입학하여 제대로 올라온 서대석徐大錫 형과 조희웅曺喜雄 형이 있었다. 다들 준재俊才, 준마駿馬였다.

우리 넷은 의기투합하여 후에 대학원에 들어가서 장덕순 교수 지도로 조동일 형은 가면극 분야. 서대석 형은 무가巫歌 분야, 조희웅 형은 문헌설화 분야, 나는 현지설화 분야를 전공으로 삼아 석사논문을 쓰고, 후에 그 석사논문을 발전하여 박사논문을 썼고, 다 교수(서울대, 국민대, 한양대)가 되었다.

최초로 구비문학에 관한 책인 『구비문학개설口碑文學槪說』은 장덕순, 조동일, 서대석, 조희웅 공저로 나오고, 그 뒤에 나 혼자 독학사獨學士 교재용으로 『구비문학론口碑文學論』을 내고, 다음에 방송통신대학교 교재 『구비문학론』을 그 대학 교수인 윤용식尹用植 교수랑 공저로 내고, 다음에 나 혼자 『한국구비문학론韓國口碑文學論』을 간행하였다.

다른 데서 여러 학자가 공저한 『구비문학』이 있는데, 그러니까 도합 5권 중 4권은 서울대 구비문학 전공자가 썼고, 그중 3권을 내가 썼다. 나의 책에는 다른 책과 달리 '구비단문口碑短文: 속담, 수수께끼, 속신어'가 꼭 들어갔다.

내가 "속신어는 구비단문이다"고 주장한 결과이다.

# 구비문학 중 설화를 주목

제대하고 나서 본격적으로 국어국문학 중 어느 분야를 공부할지를 점검하였다.

### 1. 국어학분야

#### 1) 계통론系統論

'랍스테드'라는 핀란드 학자가 한국에 와보지 않고도 『KOREAN ETYMOLOGY』을 내서 내가 배우고, 보았다. 『한국어 어원학語源學』이라고 번역할 책인데, 몽골어에서 출발하여 서西로 핀란드어, 동東으로 한국어와 일본어로 이어지는 '우랄 알타이 어족語族'에 관한 연구 책이다. 또 독일 그림Grimm 형제가 '인도. 유럽 언어학 계통론(인구어족印歐語族)'을 주장하여 연구하고 큰 영향을 미치고 있었다. 나도 자극을 받아 한번 이 분야를 해볼까 생각을 하였다.

그런데 나는 어학실력이 딸리고(부족), 돈도 없고, 공부를 하여도 한국에서는 별로 주목을 받지 못할 것 같고, 그래서 포기하였다. 그러나 나는 '핀란드' 나라를 주목하여(핀란드 국민은 한국인 같이 몽골인이 시조이다), 후에 설화연구에서 '역사지리학파. 곧, 핀란드학파'를 공부하고, 이 설화 전파 이론을 한국 학계學界에 소개를 한 적이 있다.

### 2) 방언학方言學

나의 고향 남원 운봉은 전북이지만(전라도 방언), 60리를 가면 경남 함양인데(경상도 방언)라 운봉에는 전라도 방언이 주主지만 경상도 방언이 섞여 있다.

운봉은 두 방언이 겹하고 있다 보니까 모음母音 발음이 뚜렷하다. 내가 쓰는 말씨를 보고 선배 중에는 「운봉雲峯 방언方言 연구硏究」를 하고 논문을 쓴 일도 있다.

내가 놀란 것은 운봉은 모음에서, "애 얘 에 예 의 외 웨 왜" 발음이 분명한데, 객지에 와서 보니, 심지어 표준어가 있다는 서울에서도 보니 반 이상이 제대로 발음하지 못하였다. 의사意思(醫師)를 발음하여 보라. "으사. 이사. 어서…"로 들린다.

그래서 방언 연구도 해보고 싶기는 하였다.

그런데 경성제국대京城帝國大 교수인 고노(하야육랑河野六郞)도 조선방언 연구를 하고, 최학근崔鶴根 교수가 연구하고 있는데, 그분들을 따라갈 수 없었다.

## 2. 고전문학 분야나는 어학을 포기하고 공부하려던 고전문학을

**검토하였다.**

1) 향가, 고려가요, 고대가요

우리 과 이탁李鐸 교수님, 동국대 양주동梁柱東 교수님, 우리 과 김형규金亨奎 교수님, 일본인 고구라(소창진평小倉進平) 선생의 업적이 대단한데 나는 따라갈 수 없었다.

2) 고대소설

내 고향 남원이 춘향이 고을이라서 춘향전을, 그 같은 다른 고대소설을 공부할 야심은 있지만, 스승급으로 장덕순 교수, 김동욱金東旭 교수, 김기동金起東 교수, 정규복丁奎福 교수, 선배급으로 김진세金鎭世 교수, 이상택李相澤 교수, 소재영蘇在英 교수, 사재동史在東 교수 등 쟁쟁한 선구학자를 따라가기가 힘들었다.

그러나 한 번 해볼 만한 분야였다.

바로 고대소설의 근원인 설화, 또 판소리를 근본으로 삼아 소설을 두드리면, 연구방법론을 개발하면 내 나름대로 소설의 문이 열릴 것으로 보았다.

고전소설을 발굴하기도 하면서, 선배 발굴자로 김동욱金東旭(스승 장덕순 교수의 친구) 연세대 교수, 박순호朴順浩(나의 친구) 원광대 교수, 우쾌제禹快濟(나의 친구) 인천대 교수 등과 친교를 나누며 고전소설을 연구대상으로 삼고 싶었다.

김동욱 교수는 『옹고집전』(연세대본)을 나에게 복사하여 주면서 이렇게 웃으면서 말하였다.

"나는 신라 왕족 경주 김씨의 후손이므로, 호를 신라新羅의 후손後

孫이라고 하여 〈나손羅孫〉이라고 지었지. 신라는 곧 한국이니까 국학자國學者가 된 것, 국학자다운 호號라네."

나는 후에 춘향전, 심청전, 옹고집전 연구를 나의 구조構造 분석分析 방법으로 하고, 연구하고, 옹고집전(그때까지 한 권만 있는 줄 알았다), 청화담清華談(장편소설) 등 고대소설 몇 권 발굴하였다.

3) 시조, 가사, 경기체가, 악장

산문散文 체질인 나에게 좀 거리가 멀었다.

그래도, 이들 운문을 바탕으로 현대시조, 현대가사, 현대 경기체가 등을 나도 짓고, 수업 중에 학생(대학생, 중고등학생)에게 창작교육을 하고, 학생들 작품집(예컨대 현대시조집)을 만들어 가지게 하였다.

향가 표기법인 이두吏讀 식으로 〈애국가愛國歌〉를 향가처럼 이두식 표기 교육도 하였다.

고전시가의 현대창작 교육을 한 것인데 둘을 합쳐 보았다.

그래서 나는 고전문학자, 특히 고전소설 연구가가 되었다.

4) 현대문학

현대문학은 거리를 두었는데, 현대소설에는 관심이 있어서, 후에 강경애姜敬愛('인간문제'에 대하여, 박사논문에서), 김동리金東里('사반의 십자가 등신불, 무녀도'에 대하여)와 이상('날개'에 대하여)과 황순원黃順元('소나기'에 대하여), 이정환李貞煥('샛강'에 대하여) 등 작가에 관한 논문을 썼다. 내가 만든 설화이론을 대입하였다. 장편소설과 동화 몇 편은 창작하였다. "노래가사"라는 운문韻文과 현대시조를 창작하였다.

## 3. 구비문학 분야

당시 구비문학의 존재는 희미하고 소속도 불분명하고, 분류와 이름도 정립이 되지 않았다.

구전물口傳物, 구전문학, 구전민속, 유동流動문학, 부동浮動문학, 언어민속, 이리하여 소속이 문학인지, 민속학인지 애매하였다. 후에 '구비문학'으로 정착하였다.

이러한 때 1964년 장덕순張德順 교수가 '구비문학'이라고 부르는 강의를 서울 문리대 국어국문학과에 개설하였다. 나는 그 강의 첫 수강생이 되었고, 같이 듣던 4명의 제자, 곧 조동일, 서대석, 조희웅 등과 함께 장덕순 문하門下의 "서울대 구비문학과"의 한 사람이 되었다.

후에 '나는 구비문학자' 그중 구체적으로 말하면 '설화연구자'가 되었다.

말하자면 군대 가서 속차리고, 제대 복학을 하여, 전공선택에 우여곡절迂餘曲折 끝에 구비문학, 설화전공자가 되었다.

1965년 9월(원래는 코스모스 졸업이 8월인데, 데모 등 학교 사정으로 9월에 졸업)에 낼 '학사논문' 제목으로 「한국韓國 설화說話의 분류分類」를 잡았다. 지도교수는 이두현李斗鉉 교수였다. 나는 전설 자료를 찾다가 최상수崔常壽(1918~1995) 선생이 쓴『한국전설집』을 보니까 '장자못 전설'이 열 몇 군데가 있다고 하였다.

"이것은 구약성경의 소돔과 고모라 이야기와 비슷한데… 한 이야기가 여러 군데에 있다면 이유가 있을 것이다.

더 조사를 하다 보면, 한 이야기라도 자세히 보면 다른 점(공부거리:

발생發生, 변이變異, 전파傳播, 배경背景, 의미意味…)이 있을 것이다. 그뿐 아니라 다른 전설도 같을 것이다. 나중에 전설을 조사하여 큰 작업을 하여 보자."고 생각하였다.

훗날 장자못전설이 전국에 약 150군데가 있는 것을 찾아냈다. 이런 식으로 아기장수전설, 홍수전설, 오뉘힘내기 전설을 많이 조사하고, 지도에 그리고, 이론을 만들었다.

설화 연구를 하면서 폭을 넓혀 구비문학 전반을 공부하였다. 구비산문散文으로 문학에서 소설 성격은 설화이고, 구비 운문韻文으로 문학에서 시가詩歌에 해당하는 것은 민요民謠요, 구비 희곡戲曲으로 문학에서 희곡戲曲에 해당하는 것은 가면극假面劇(가면극대사)이었다. 판소리는 사설로는 산문(소설 해당)이고, 창唱을 하는 면에서는 운문(문학에 시가에 해당), 공연公演, 연희演戲로 보면 희곡이고 연극이었다.

그런데 문학에서 수필隨筆에 해당하는 것은 구비문학에는 없다. 수필 대신에 짧은 형태인 구비 단문短文이 몇이 있으니 곧, 속담이고 수수께끼였다. 이것은 분명히 구비문학에 들 수 있다.

이리하여 설화 말고 다른 구비문학들도 주목하고 공부하였다. 그래서 설화 연구에 화소話素와 속성屬性 이론 세워, 설화의 구조분석과 의미해석법을 개발하였다. 설화 연구처럼 다른 구비문학 장르도 대하여 연구하여 구비문학자로 변하고, 관련이 깊은 민속학에도 뜻을 두어 민속학자가 되었다.

그리고 보니 나는 고전문학자요, 구비문학자요, 민속학자가 되었는데, 결국 한국문화 연구가라는 말이다.

# 구비문학 중 속신어를 또 주목

내가 설화나 구비문학 전반을 공부할 때, 속담과 수수께끼와 같은 또 하나의 구비문학 중 구비단문이 지금 내가 말하는 '민간속신어'가 있는 것을 사람들은 주목하지 않았다.

당시는 일반적으로 금기어禁忌語라고 하였는데, 사람들은 별로 주목하지도 않고, 주목하여도 국어학이나 민속학의 한 모퉁이를 차지하는 분야로 보았다.

그러나 나는 아래와 같은 것을 뒤늦게 주목하였다.

1. 제비가 낮게 날면 비가 온다.
2. 용꿈을 꾸면 좋다.
3. 생쌀 먹으면 어머니가 죽는다.
4. 아침에 까치가 울면 반가운 손님이 온다.

5. 까마귀가 울어대면 사람이 죽는다.

그런데 이런 것이 어디 소속인지 명확하지 않았다. 소속이 국어학인지, 민속학인지, 종교학인지, 사회학인지, 그 방면에 관심을 갖는 연구자도 적었다.

명칭도 여러가지였다. 금기禁忌, 금기어禁忌語, 길조吉兆, 길조어吉兆語, 속언俗諺, 타부TABU(taboo), 징크스jinks, 사인sign 등등인데, 대체로 금기어로 통하였다.

나는 속신어 공부에 뜻을 품고 여러 사람, 선배를 만났다.

**김상규金相奎** 경주고등학교 국어선생이다.

나와 나이가 비슷하였다.

1966년 대학원 때 대학로 서울대 문리대 교정校庭에서 만났는데, 속신어에 뜻을 두고 공책에 속신어 연구노트를 적어가고, 그 공책을 나에게 주었는데(미안하게도 그 공책을 잃었다), 그의 가족 행사에 나는 참가하고, 후에 경주고등학교 교사로 갔다고 하는데…

아까워라. 나이 30이 못되어 세상을 떴다. 살았으면 『속신어사전』을 공저共著하였을 것인데.

**김성배金聖培** 동국대 국문과 교수이다.

선생님은 정음사에서 문고판으로 『금기어 길조어』를 냈다. 나는 자극을 받았다.

나는 서대문 로터리 근처, 전 경기대 입구에 있는 선생님 댁을 찾아가서 뵈었다.

나는 선생님과 많은 대화로 공부를 하였는데, 내가 선생님에게 속신어사전을 내시면 좋겠다고 하였는데, 온화溫和한 말로 나에게 속신어사전 간행을 넘겼다.

"사전은 힘들 것이오. 아무래도 최선생이 할 것만 같구먼. 앞으로 사전을 내보시오. 꼬옥!"

20대 대학원생 나에게 큰 기대를 한 선생님.

지금은 선생님이 세상에 안계시지만, 그 속신어사전 출간의 당부를 달성하였다고 보고하겠다.

김형주金炯珠 부안여자고등학교 교장이다.

교육자이면서. 전북 향토 민속학 학자로 유명하다. 나와 대화도 많이 하고, 같이 답사도 하고(1984. 2. 16. 부안읍 대보름) 학회 활동도 하였다. 속신어 풀이 책도 쓰고, 많은 재료도 발굴하고 「내세來世속신어 연구」 논문도 썼다. 실제 속신어 경험이 풍부하여 나는 많은 공부를 하고 자극을 받았다.

심재기沈在箕 교수는 서울대학교 선배이다.

대학원 때 속신어에 관한 국어학 논문발표를 하고, 나와 대화를 한 국어학자이다. 후에 부부(국어학, 부인은 국문학 교수)가 가톨릭 계통의 육영育英 복지사업을 하였다.

김열규金烈圭 서강대 교수이다.

문학과 속신을 관련지어 논문을 쓰고 학생을 지도하였는데, 나에게 문학과 민속학, 특히 속신어에 대한 안목을 넓혀주었다. 정년 직전에 고향 경남 사천군에 내려서서 동화도 썼다.

**진성기秦聖麒** 제주도박물관 관장이다.

그는 대학생 때부터 '제주도학濟州島學(濟州道學)'을 세우고 연구한 분이다. 그 제주도학에 속신 연구가 뛰어나다. 제주도에서 만나서 대화하였다.

한때 제주도 박물관 건립으로 갈등을 겪고 있을 때, 내가 격려 위로의 편지를 보냈는데, 후에 열화당悅話堂 출판사에서 그 과정을 책으로 낼 때 내 편지가 실렸다.

책으로 만난 저자와 논문으로 만난 학자 등도 여럿이 있었다. 간접적으로 직접적으로.

우리 학계學界가 그때까지(1960대 초) 제대로 수집하고 연구하지 못한 실정이라, 나는 본격적으로 한 번 연구해 보자는 생각이 들었다.

그러자면 이것, 지금 속신어에 해당한 것을 몇 가지 정리로 할 요소가 있다.

- 이것은 말로 전해온다.
- 영향력影響力이 대단히 크다.
- 일정한 틀(형식, 구조)이 정하여있다.

예를 들면, [X 생쌀을 먹으면(조건. 이유. 원인. 전제) Y 어머니가 죽는다(결과. 대가代價)]를 보면, 곧 "X면 Y다"는 틀이 꼭 있다.

# 속신어 연구의 기초

### 1. 우선 소속을 문학으로 하였다.

정확하게는 구비문학 중 구비단문의 하나, 곧 속담과 수수께끼와 같은 3총사로 보았다.

### 2. 용어는 민간속신어, 줄여서 속신어俗信語로 작명作名하였다.

속신어의 내용은 속신俗信, 민간신앙이다. 이미 써온 금기어나 길조어나 타부는 속신을 다 아우를 수 없는 부분을 말하는 용어이다.

사람이 할 수 있는 것을 "하지 말라"는 금기禁忌의 반대는 "하라"는 권장勸獎이고, 사람이 어찌할 수 없는 현상인 좋은 징조라는 길조吉兆의 반대는 나쁜 징조라는 흉조凶兆이다.

그러므로 속신어는 '금기어와 권장어, 길조어와 흉조어' 넷으로 나눌 수 있다.

금기를 말하는 금기어라는 말로는 이 권장, 길조, 흉조를 다 담지 못할 말이다.

통틀어 담을 말, "민간이 신앙처럼 받아들이고, 일상생활에서 사용하는 민간民間 속신俗信을 담은 말(어語), 곧 '민간속신어'라는 말을 만들었다. 줄여서 '속신어'라고 하였다.

이미 있는 속담俗談이나 속언俗言(俗諺)과 같은 언어전승을 참고하여, 속신俗信을 또 참고하여 속신어를 만들었다.

곧, '속신어'는 내가 정리하여 쓴 말이다. 이 이름을 따서 이번에 『속신어사전』을 낸다.

그래서 바로 속신어는 금기어와 권장어와 길조어와 흉조어, 넷을 포괄하는 명칭이 된다.

그러니까 [구비문학 - 구비 단문短文 - 속담과 수수께끼와 속신어(금기어, 권장어, 길조어. 흉조어)]로 체계를 세웠다.

### 3. 속신어 구조식構造式을 만들었다.

예를 들면, "밤에 화장하면 불길하다"에서, 앞 대목인 "밤에 화장하면"을 X라고 하고, "원인부분, 조건부분, 원인부原因部, 조건부條件部, 조건절條件節"로 보았다.

뒷부분인 "불길하다"는 Y라 하고, "결과부분, 결과부結果部, 결과절結果節로 보았다. 금기禁忌 성격인 "불길하다"를 " - "로 본다.

또 예를 들면, "밤에 잠을 곱게 자면 귀인貴人이 된다"에서 권장勸獎 성격인 "귀인이 된다"가 좋은 것이니까 "+"로 본다.

민간속신어民間俗信語(Folk Believe Sentence. FB) 이런 구조이다 (권장. 길조 경우).

속신어(FB) = 조건절(X) + 결과절(Y)
FB = X + Y

예를 들면 "그믐밤에 잠을 자면 눈썹이 희어진다"을 보면, 조건절는 그 조건절를 만드는 단어인 조건소條件素가 "$x_1$ 그믐밤에" "$x_2$ 잠을 자면" 이고, 결과부를 만드는 결과소結果素는 "$y_1$ 눈썹이" "$y_2$ 희어진다"이다. $x_1, x_2$…를 $x_n$이라 하고, $y_1, y_2$…를 $y_n$ 이라 하자.

속신어(FB) = 조건절(X) + 결과절(Y) = 조건소($x_n$) + 결과소($y_n$)
FB = X+Y = $x_n$ +$y_n$

# 속신어는 기능요소機能要素 곧, 기능소機能素

속신어에는 유형類型과 종류를 밝혀주는 단어, 곧 기능요소機能要素(기능소機能素. @)가 들어가 있다. 이 기능요소를 가지고 보면 속신어 성격을 알 수 있고 바로 해석할 수 있다.

바로 이 @ 기능요소가 없으면 해석을 바로 할 수 없다.

**기능별 속신어(@기능소)의 예**

(1) 일반속신: "일상생활에서" 기능소가 맨 앞에 있다.

예: (일상생활에서) 밥을 그릇 뒤쪽에서부터 먹으면 도둑놈이 된다.

‣ 이것은 일반속신이라 할 수 있다. 대개 "일상생활에서"가 생략된다.

(2) 내세속신來世俗信: "죽어서" 기능소가 중간에 있다.

예: 구경 못하고 일만 하다가 (죽으면) 소가 된다.

예: 눈을 많이 흘기면 (죽어서) 구렁이가 된다.

▸ 이때 "죽어서, 죽으면"는 기능소인데, 조건부와 결과부의 중간에 있다.


(3) 당위속신當爲俗信: "마땅히" 기능소가 중간에 있다.

예: 이사 가면 (마땅히) 이웃에게 팥죽을 주어라.

예: 손님 왔을 때 (마땅히) 방을 치우지 말라

▸ 이것은 일반속신어와 비슷하지만, "마땅히"가 들어간 내용이나, "마당히"는 없고, 결과절이 대개 생략이 된다.


(4) 요법속신療法俗信: "병이 나서" 기능소가 맨 앞에 나온다.

예: (병이 나서, 곧) 두드러기가 났을 때 변소 지붕의 짚을 빼서 불에 태워 쓸어주면 낫는다.

▸ 이것은 "병이 나서"가 맨 앞에 나오는데, 병난 것이 구체적인 병이름으로 나온다.


(5) 풍수속신風水俗信: "땅이" 기능소가 맨 앞에 들어간다.

예: (땅이) 묘자리에서 나비혈蝶穴일 때 비석을 세우면 자손에게 해롭다.

▸ 이것은 "땅이"가 맨 앞에 나온다. 땅이 구체적으로 지형地形(땅모양)이 나온다.

(6) 해몽속신解夢俗信: "꿈에" 기능소가 맨 앞에 나온다.

예: (꿈에) 수레바퀴가 부러지면 부부금실이 깨진다.

‣ 이것은 "꿈에"가 맨 앞에 반드시 나오는데, 해몽 방법이 요구된다.


(7) 관상속신觀相俗信: "몸이" 기능소가 맨 앞에 나온다.

예: (몸이) 여자 손발이 크면 고생을 많이 한다.

‣ 실제로 "몸이"는 "몸이 어떠하면"인데, "몸 어디"가 구체적으로 나온다.


(8) 전조속신前兆俗信: 중간에 "장차..."기능소가 나온다.

예: 개가 땅을 파면 (장차) 바깥주인이 죽는다.

예: 개미가 자기 집 구멍을 막으면 (장차) 비가 온다.

‣ 이것은 인력人力으로 어찌할 수 없는 자연(천체. 기후, 동물. 식물 등...)이 장차 생길 일을 예고豫告한 것이다. 자연현상이 구체적으로 나오고, 대개 "장차"가 생략된다.


(9) 주술속신呪術俗信: "손해를 보아서/ 소원이 있을 때" 기능소가 맨 앞에 나온다.

예: (도둑 맞았을 때) 미꾸라지 눈알을 바늘로 찌르면 도둑놈 눈이 썩는다.

‣ 이것은 "손해 보기나 소원 성취"가 구체적으로 나온다.

(10) 세시속신歲時俗信: "일 년 중 어느 때" 기능소가 맨 앞에 나온다.

예: (정월正月) 상사일上巳日에 머리 빗으면 그 해 뱀이 집에 든다.

- "일 년 중 어느 때"는 "세시풍속歲時風俗에서 어느 때 어떤 일을 하면"인데 구체적으로 나온다.

수많은 속신어는 @기능소에 따라 현재 10가지로 분류할 수 있다.

@기능소를 찾아내고, 그 기능에 맞게 해석을 하면 속신어를 이해할 수 있다.

예를 들면 "꿈에"가 나오면 "해몽 속신"인 것을 직감하고… "이제 그 꿈을 어떻게 해몽을 할까?"를 생각하여야 한다.

그런데 자세히 보면 @기능소가 위치하는 변화가 있다. 이 변화를 주목해야 한다.

# 기능소의 성격

(1) 위에서 본 10가지 @기능소를 분류하여 보자.

가: 고정적固定的인 것

　위 (2) 죽어서(내세속신). (6) 꿈에(해몽속신)

나: 구체적인 사례事例가 제시된 가변적可變的인 것

　위 (4) 병이 나서(요법속신). (5) 땅이(풍수속신). (7) 몸이(관상속신). (9) 손해보아서, 소원해서(주술속신). (10) 일 년 중 어느 때에(세시속신). (8) 자연현상이(전조속신)

다: 대개 생략이 된 것

　위 (1) 일반생활에서(일반속신). 마땅히 하라(당위속신)

그러면 이런 공식이 생긴다.

속신어= 기능소(조건절 + 결과절)= 기능소(조건소 + 결과소)

FB = @(X ± Y) = @(xn ± yn)


(2) 기능소 @ "죽어서" 경우: 내세속신어

속신어에 고정적으로 있는 @"죽어서"가 있으면, 앞에 있는 지금 살아 있는 현세現世(이승)가 조건절이 되고, "죽어서" 다음에 나오는 내세來世(저승)가 결과절이 되는데, 결과절에 나온 "효과"는 수년, 수십 년 후니, 현실이나 현세와 동떨어져 있다고 하겠다.

예를 들어, 조건절 "눈을 많이 흘기면" (죽어서) 결과절 "구렁이가 된다"에서 보면, 눈을 흘기는 것은 "현세"요, 구렁이가 되는 것은 죽은 후인 "내세"라 시간이 매우 떨어져 있고, 구렁이가 되는 것을 당장 볼 수 없어서, 실감實感이 나지 않아 효과는 미미하다.

구렁이가 된 것을 당장 증명할 수는 없지 않는가?

그렇지만, 아니다!

윤리 도덕상으로는 현세와 내세가 하나가 되어, 생사生死가 동시同時에 직결이 되어, 현세에서 눈을 흘기는 시간, 그 즉시 바로 현세에서 구렁이가 된다. 이치理致는 맞다.

그런데 이것은 보고, 믿기는 불가능하다. 그러면, 즉시 현세에서 구렁이가 된 것도 불가능, 죽어서 내세에서 구렁이가 되는 것은 믿기가 불가능.

그러면 이 속신어는 아무런 쓸모가 없다고 하겠다. 쓸모가 없는데, 이 속신어는 건재하고 전승한다.

이상하지 않는가? 아니다.

적어도 "눈을 흘기지 말라"는 교육 효과는 있다.

그 교육효과가 있다면 "사람이 삶앎이다"는 진리를 담고 있기 때문이다.

살아서 구렁이가 되든, 죽어서 구렁이가 되든 실제로 구렁이 되기가 문제가 아니다. 다른 사람들이, "눈을 흘기는 사람을 구렁이로 보듯 사갈시蛇蝎視하고, 사람으로 도저히 인정할 수 없는 인생 탈락자脫落者로 보고, 아예 사람으로 치지 않고, 아예 상종하기 싫은 더러운 동물로 본다."는 것이 문제이다.

"그 사람을 구렁이로 보기(현세에서 인정: 사람들이 생각)"는 곧, "그 사람이 구렁이가 되었기(현세에서 인정: 사람들이 생각)" 때문이다. 그 현세의 구렁이(인정을 받으면)는 내세에도 그대로 구렁이다. 내세에 구렁이로 태어나니까 말이다.

다시 말하면, 현세에서 실제로 "동물 구렁이가 되기(변신變身)"는 불가능하지만, 남들은 구렁이로 인식하고 받아들여, "구렁이 같이 미운 사람이 되기(증오憎惡)"는 가능하다.

결국 사람은 살아서 올바르게 살라는 교훈이 강하게 들어 있다. 현세와 내세는 하나니까.

눈을 흘겨 구렁이가 현세에도(구렁이 같이 미운 사람 되기), 내세에도 되고(실제로 구렁이 되기) 싶지 않다면, 제발 눈을 흘기지 말 일이다. 눈 흘기는 것은 비인각적非人間的이다. 구렁이는 인간이 아니다! 비인간非人間이다.

(3) 기능소 @ "꿈에" 경우: 해몽속신어

속신어에 고정적으로 있는 @'꿈에'가 있으면, 현세現世는 같지만, 생시인 "현실 세상"과, 꿈의 세상인 "몽중夢中 세상" 두 세상을 경험한다. 두 세상이 직결直結이 되는 것은 맞는데, 어떻게 직결이 되는지는 미지수未知數다. 꿈이 반드시 이런 내용이라고 명료明瞭하게 예시豫示하는 것이 아니므로, 해몽을 잘 해야 한다. "꿈보다 해몽"이라는 말처럼.

꿈 내용이 흉몽凶夢이든 길몽吉夢이든 생시에는 다 길몽이 되도록, 길사吉事나 호사好事나 행운幸運이 되도록 해몽을 잘하여야 한다는 말이다.

그런 해몽을 하면 사람답게 사는 효과가 있다.

예컨대, "꿈에 피를 보면 좋다"도 있고, "꿈에 피를 보면 안 좋다" 두 가지가 다 있는데, 어떤 것이 맞는가가 궁금하다,

이 꿈에 피를 보는 것은 안 좋은 흉몽인가, 좋은 길몽인가?

꿈이 길흉吉凶을 말하는 것이 아니고, 그 꿈을 꾼 사람이 그 꿈을 어떻게 받아들이느냐에 따라 길흉을 결정한다는 말이다. 해몽을 잘하는 사람은 성숙成熟한 사람이라 하겠다.

# 속신어가 말한다. "사람은 삶앎이다"

내가 속신어를 대하고 해설을 하다가 보니, 속신어의 밑바탕은 "사람은 사는 것을 아는 존재가 되어야 한다"는 것이었다. "사는 것을 아는 것을 달리 말하면 "삶을 앎, 삶앎"이다.

"삶앎"을 빨리 발음하면 "사람"이다.

그러면 사람은 "(1) 사는 것은 무엇이며, (2) 아는 것은 무엇인가?" 하는 질문을 반드시 해야 한다. 사람이 되어서 이런 질문을 하지 않고 산다면, 제대로 된 삶앎이 없는 사람이 되고 만다. 사람이란... 그 해답을 생각하여 보자.

내가 어린 나이인 초등학교 4학년 10살 때였다.

1950년 6·25가 나서, 운봉초등학교가 불탔다. 수복收復이 되자, 학교 건물이 불타 없으니까, 2학기에 들어 학교에 다니던 학생들은 교회와 마을회관과 부잣집 넓은 터를 빌려 공부하다가, 겨울 추위 감당이 어려워, 추위가 오기 전에 빨리 방학에 들어갔다.

아버지는 겨울방학을 빨리 맞은 내가 집에서 빈둥거리며 놀지 말라고, 십 리가 떨어진 외갓집에 10살인 나를 보내서, 나는 외삼촌이 연 서당을 다녔다. 교재 사자소학四字小學.

그때 같이 공부한 동학同學은 외가로 나이 많은 외삼촌, 외당숙들인데, 하루는 나를 예뻐하는 창영(李昌寧)이 삼촌이 나에게 숙제를 내면서, 나보고 풀어보라고 하였다.

"人人人人人"

나는 말하였다.

"삼촌, 어리다고 나를 우습게 보지 말아요. 사람人이지 않아요? 내가 사람 인人을 모를 줄 알아요? 사람인 글자가 다섯이니까 사람이 다섯이 있다는 말인데요 뭐. 이리 쉬운 것을 내가 모를까 보아…"

그러니까 창영이 삼촌이 내 등을 도닥거리면서 말하였다.

"내옥아. 이것은 쉽다면 아주 쉽다. 사람인 자 人, 5자니까.

그런데 이것은 어렵다면 아주 어렵다. 나도 모른다. 모르니까 알려고 서당에 다닌다."

"이까짓것이 무엇이 어렵다고 해요?"

창영이 삼촌이 웃으면서 말을 하였다.

"아. 人이면 다 人이냐? 人이 人다워야 人이지. 너 우리 말로 풀어보라."

"사람이면 다 사람이냐? 사람이 사람다워야 사람이지… 아닌가요?"

"맞다. 그러나 평생 살아도 모른다." 하고 한숨을 쉬었다.

왜 이 쉬운 문제를 내고, 한숨까지 삼촌은 쉰다는 말인가?

창영이 삼촌은 언제나 명랑하고 씩씩하고 호탕한데, 왜 갑자기 한숨을 쉬고 작아지고 움추려드는가?

나는 그 "작아지는 것"을 삼촌에게 묻지 않았다.

세월이 흘렀다. 나도 나이가 들어갔다.

10살 때 서당에서 배운 人人人人人... 생각할수록 나도 작아진다. 그래, 창영이 삼촌의 말이 맞았다.

나는 평생 살아도 사람을, 사람인 나를 제대로 다 모른다.

사람이 사람답게 산다고?

이제 보니 "사람"이 "삶앎"이라는 것은 알겠는데, 그 실체實體를 모르겠다.

내가 나, 사람인 것, 삶앎인 것을 모른다. 아니 알듯말듯하다. 살다 보니 알듯알듯하였다.

특히 이번에 속신어를 공부하면서, 또 한국민간속신어사전을 내면서, 속신어 하나하나를 풀어가면서 본격적으로 사람이 삶앎이요, "人人人人人"이라는 것을 알아가게 되었다. 알듯하다. 이 속신어사전에서 속신어를 해석할 때, 이 인人 다섯자를 열쇠 삼아서 풀어갔다는 말이다.

# 사람이 삶앎인 것은 지덕체智德體를 알기

그러면 "사람이 사람답게 살려면 어떻게 살아야 하는가?"가 나를 흔들어 놓는다. 대답하라고!

이에 대하여 여러 사람이, 시대를 가리지 않고, 있는 곳을 가리지 않고, 이러저러한 해답을 내놓기는 한다. "인생이란 무엇인가? 인생론人生論. 인생관人生觀" 등이다.

그런데, 나는 그 인생철학 같은 것이 너무 광범위하고, 뜻이 막연하고, 실천하기가 난難한 것이 많아 100% 마음에 들지 않아서, 속신어에 적절適切하게 적용하기가 힘들어서 내 나름대로 생각을 하였다.

예컨대 "사랑하라"는 인생론(원칙론)은 구체적으로 실천할 때에 세부細部로 분해하여야 한다(실천론). 속신어는 원칙론은 뒤로, 밑으로 숨고, 실천론은 구체적으로, 또 가시적可視的으로 표출한다.

사람은 육체적으로 볼 때, 동물動物 차원에서 볼 때, (1) 머리(두상 頭上)와, (2) 가슴(흉부胸部)과, (3) 손발(手足. 動作), 셋으로 구성되었다.

그런데 사람은 육체도 있고, 정신과 문화도 있다.

그러므로 이 3부문 육체를 이번에는 3 부분 정신적으로, 문화적으로 바꾸어 볼 수 있다.

(1) 머리는 사람만이 있는 정신精神, 지식知識, 지혜智慧, 지능知能 등을 담당한다.

사람이 머리(두상)가 있어 머리(지능知能)가 좋으면 행복하고, 성공하고, 사는 보람이 있다. 사람답게 살 수 있다.

반대로, 머리가 비어, 아는 것이 없고, 배운 것인 머리가 없다면 참으로 살기가 어렵다.

(2) 가슴은 감정感情, 사랑, 온정溫情, 도덕道德, 인덕仁德, 윤리倫理, 의리義理 등을 담당한다.

사람이 뜨거운 가슴이 있어서 자기 자신이나, 가족이나, 다른 사람이나, 국가 사회를 좋은 감정과 사랑으로 대하면 매우 좋다.

나아가서 "그 사람 차원"을 넘어 "그 사람이 아닌 차원"에 들어서서, 동물을 사랑하고, 식물을 생각하고, 무생물을 아끼고, 산천과 초목과 천체 우주를 감정이 있는 인격적人格的으로 대하고, 신이나 귀신도 "또 하나의 인간"으로 알고 사랑하면, 단적으로 말하여 가슴의 감정으로 대상對象과 상대相對를 대하면 행복하고, 사는 보람이 있다. 만물을, 삼라만상森羅萬象을 보라.

반대로 가슴이 뜨겁지 않으면, 또 만물을 감정이 있다고 대하지 않으면 참으로 살기 어렵다.

(3) 손발은 동작動作, 행동, 실천, 건강, 생명, 생존生存, 생활 등을 담당한다.
손발(온 몸도 같다)을 움직여서 살아남고(생존), 몸이 건강하게 생활生活하고, 정신과 영혼이 건강하게 활동한다면 행복하고, 사는 보람이 있다.

반대로, 손발이 있는데도, 온몸이나 몸 일부가 성한데도 활동하지 않으면 참으로 살기 어렵다. 활동하여도 선善한 활동이 아니면 손발이 없는 것과 같다.

우리 선조와 선배와 선인은 이미 이 셋을 사람답게, 행복하게 사는 3대 비결祕訣이라 하여, 사는데 도움이 될, 아니 절대적인 교훈으로 삼고 후배, 후손, 후진後進에게 알려 주었다. 머리좋게, 가슴 좋게, 손발좋게 살라는 바로, 지덕체智德體, 지인용智仁勇, 지정의知情意이다.

이것을 교육하면 지육智育, 덕육德育, 체육體育인 삼육三育이다. 삼육이 있어야 훌륭한 인격자가 된다.

국민을 살리는 장군이라면, 지장智將, 덕장德將, 용장勇將이 된다. 바로 애국영웅을 길러내는 한국 "육군사관학교" 교훈이 "지인용智仁勇"이다.

좋은 일생으로 보면 노년기는 머리(지知)요, 중년기는 가슴(정情)이고, 청소년기는 손발(의義)이라고 하겠다.

우리가 본 바, 머리는 좋으나 가슴이 차며, 윤리도덕심이 없고/

손발은 부지런하나 머리가 미련하고/ 가슴은 좋은데 건강이 나쁘거나 선善을 행할 능력이 없는 등등, 지인용에서 한둘이 빠진(결손缺損) 불완전한 인간을 많이 본다.

    안타깝다. 지금도 우리 주위에 흔히 있지 않은가?

    이 머리와 가슴과 손발 셋이 "불완전하지 않도록, 사람이 행복하고 성공하도록 하려면 교육, 종교, 법률, 제도, 통치統治, 국가사회의 입법과 행정과 사법 등등을 치밀하게, 세밀히 하게 규정을 만들어 놓는다. 또 그것을 지키라고 교육을 한다. 이런 것을 문화文化라고 한다.

    그 사회에서 그 만들어 놓은 규정을 어기면 엄격하게 징계懲戒하고 벌을 준다.

# 지덕체智德體에 신信을 더한 참삶앎

그런데 생각하여 보자.

법이나 교육 등으로 지덕체를 완수完遂, 완전完全히 하는 것은 이상적理想的으로 좋으나, 수많은 사람이, 수많은 시간에서, 수많은 장소에서, 수많은 상황狀況과 경우境遇와 처지處地에서, 실제 부딪치는 수많은 가지가지 사연事緣에서 그때, 거기서, 그 사람이 법이나 규정이나 교육 등을 적절하게 사용하기는 실로 어렵다.

지덕체는 법률이나 규정으로 완수가 안 된다는 말이다.

자. 보자!

거짓말을 하는 자에게 벌을 주려고 육법전서六法全書를 언제 뒤져 보는가?

손에 억새풀로 긁혀 피가 나는데 의학전서醫學全書가 당장 필요한가?

첫날밤을 치르는데 가정보감家庭寶鑑에서 혼례婚禮 대목을 연구
研究하려는가?

구체적으로 현실에 일어나는 예를 들어 보자.

예1: "저 거짓말을 밥먹듯하는 자를 어떻게 한다? 고발하기에는
증거도 없고, 죄질罪質이 성립이 안되고, 자칫 하다고 보면
원수가 되고, 저는 거짓말을 안 했다고 하고, 그렇다고 저런
자를 그냥 내버려들 수는 없고, 무슨 방법이 없을까?"

예2: "눈다래끼가 났다. 염병이 돈다. 학질이 심하다. 그런데 현대
식 병원이나 의원이 없다. 치료할 돈도, 약도 없다. 어떻게
하면 이 병든 몸을 나을까?"

예3: "애기를 임신하였는데(임산부), 애기를 낳았는데(산부), 어떻
게 하면 애를 무병무탈로 잘 기를까(육아)? 임신하고 출산하
고 육아하는 여자를 어떻게 건강하게 할까?"

이런 경우, 이런 시공인사時空人事, 곧 시간, 공간, 인간, 사건에
대하여 민간, 일반사람은 문장文章으로 해결책解決策을 만들기도 어
렵고, 어떤 유능한 기관에 맡기기도 어렵고, 논리論理나 신앙 교리敎
理나 체계體系를 세울 수도 없다.

필요와 문제는 있는데, 일반 사람에게는 "당장 시급히 쓸 해결책
解決策"이 없다.

그러면 어떻게 해결을 하여야 할까?

일반사람은 '양심과 경험과 믿음(신앙信仰)'을 기준으로 해결책을 삼았다.

한 마디로 믿음, 신信이다. 고등종교에서 말하는 신앙의 신信이라기보다는 일상생활에서, "그렇게 믿는다"는 소박하고, 단순하고, 기초적이고, 실용적實用的이고, 원초적原初的인 믿음 신信이다.

그러므로 이 신信이 교육이 되고, 법률이 되고, 관습법慣習法이 되고, 건강한 심신心身을 만드는 의학醫學이 된다.

위에서 말한 "예1, 예2, 예3"은 법률로나 교육으로 해결이 어렵지만, 속신어에서는 완전하게 해결해준다.

그러므로 이런 해결책이 믿음에서는 민간속신民間俗信이요, 표현에는 민간속신어이다.


어떻게 하면 사람이 사람답게 사는 지덕체智德體를 완수할까?

지智에 신信을, 속신俗信을 더하면 '지智, 지知, 머리'가 완전해진다. 행복하다.

덕德에 신信을, 속신俗信을 더하면 '도덕, 윤리, 가슴'이 완전해진다. 행복하다.

체體에 신信을, 속신俗信을 더하면 '생존生存, 생활, 건강'이 완전해진다. 행복하다.


그러므로 신信, 속신俗信은 민간에서 만병통치萬病通治의 약 같은 성격을 가지고, '사람이 사람답게' 사는 방법이 된다. 그래서 나는

"인ㅅ이면 다 인ㅅ이냐? 인ㅅ이 인ㅅ답게 살아야 인ㅅ이다"를 속신과 속신어로 풀어보았다.

"인ㅅ이면 다 인ㅅ이냐?
 인ㅅ이 [지덕체智德體와 신信(속신俗信)을 지켜] 인ㅅ답게 살아야
 [행복하고 성공하고 생존生存하고 생활生活하는] 인ㅅ이다"

이것이, "지덕체신智德體信"이 "삶앎"이요 "사람되기"라는 나의 사고思考의 여정旅程이요, 속신어의 존재存在 의의意義의 발견이라 하겠다.
바로 ["참삶앎" 연구 과정]이었다.
이런 사고의 여정을 바탕으로 하여, 수만 개 속신어를 다 해석하여, 분량이 많은 속신어사전을 세상에 내놓았다.

# 속신어 자료 조사를 전국적으로

속신어 조사 방법은 여럿이 있다.

(1) 직접경험: 내가 경험한 것. 남이 경험한 것을 내가 보고 들은 것.

(2) 문헌으로 본 것: 이미 남들이 조사한 것, 발표한 것 - 책(고전, 현대), 논문, 향토지鄕土誌, 조사보고서 등

제주도: 진성기秦聖麒(제주민속박물관장)의 저서.

전북: 김형주金炯珠(부안여자고등학교 교장)의 저서.

부산: 경남지역: 김승찬金承燦(부산대 교수)의 저서

경기: 인천 지역: 최현섭崔賢燮(인천교육대 교수)의 저서.

각도별: 전국민속조사종합보고서(문화재관리국, 남북한 전부)

전국 각 시, 군별(남한 전부 중 내가 구해 본 곳 30권):『내 고장의 전통과 얼』

김성배:『한국의 금기어禁忌語, 길조어吉兆語』(정음문고 95번,

정음사, 1975, 문고본)

고려대학교 민족문화 연구소 『한국민속대관』 6권, 1982.

이북의 경우 실향민이 만든 "내고장 도지道誌, 군지郡誌, 시지市誌" 등

(3) 내가 조사한 것
(4) 참고로 외국 편으로 일본 자료와 중국자료를 책.

내가 조사를 한 것은 이렇게 기준을 세웠다.

(1) 되도록 조사지역을 넓게, 전국적으로 한다.
(2) 내가 아는 사람, 나를 도와줄 사람(친구, 교수, 교사. 학생...)에게 조사를 부탁한다.
(3) '조사의뢰서'를 발송하고, 조사한 것을 회수한다.
(4) '조사의뢰서'는 A4 용지 1면에 인쇄한다. 뒷면은 인쇄가 없는 백지이다.

내가 조사한 자료는 이렇다(1990년).

〈민간속신어民間俗信語 조사 의뢰〉

조사자: 최내옥崔來沃. 한양대 국문과 교수, 문학박사.

(133) 서울 성동구 행당동 17. 직장전화 292-2111, 3111

자택 (132) 서울 도봉구 수유 3동 191-43. 전화 902-8379

1. 민간속신어란

"생쌀 먹으면 어머니가 죽는다. 불장난하면 자다가 오줌 싼다. 나비혈에 무덤을 쓰면 자손에게 해롭다. 밥 먹고 바로 누우면 소가 된다"처럼, 옛날부터 전해오는 것으로, 민간에서 신앙적 구실을 하는 "하지 말라"는 금기禁忌(TABU)나, "하라"는 권장, 또는 판단이나 예언을 하는 짤막한 문장 형태다.

2. 조사목적은

지금은 불합리하다든가 미신이라든가 하여 무시한 것도 있고, "말띠는 나쁘다" 식으로 부작용을 일으키는 것도 있고, 운전, 광산, 상업, 어업 등등에는 지금도 강력한 힘을 작용하고 있는데, 어느 것이나 처음 조상이 만들어 믿을 때에는 그럴만한 합리적인 존재 이유가 있었을 것이다.

그런데 지금은 이 조상이 만든 이 문화유산이 급속히 사라져가고 있어서, 이를 전국적으로 조사, 수집하여 해석하면서, 가칭 "한국 민간속신어사전"을 만들고자 한다. 조사자의 추측으로는 우리나라에 10,000개 가량이 현재 우리 생활을 무의식적으로 지배하고, 영향을 미친다고 본다. 이 책에는 지역적 차이와 의미의 변화를 다 수록하고자 한다.

그러므로 이 문화재가 사라지기 전에 수집, 정리하는 것은 이 시점에서 보람이 있는 일이라고 본다.

3. 조사 방법은

"…하면 좋다. 또는 나쁘다, 하지 말라. 왜냐 하면 …. 때문이다."
식의 전승된 형식이면 아무것이나 좋다.

(1) 조사지역은 도, 군, 면, 리까지 쓰면 좋다. 최소한 도나 군을 밝혀야 한다.
(2) 조사자(제출한 사람) 이름과 조사 일시를 쓰면 좋다.
(3) 자료를 제공한 제보자 이름(나이, 성별)을 쓰면 좋다.
(4) 할 수만 있으면 왜 그런가 이유를 물어서 자세히 쓰면 대단히 좋다.

4. 민간속신어의 보기

(1) 일반속신어: … 좋다. 나쁘다
  ‣ 비 오는 날 머리 감으면 부모상을 당하는 날 비가 온다.
  ‣ 밤에 빨래방망이질하면 동네 젊은 사람이 죽는다.
  ‣ 밥그릇을 뒤쪽에서부터 먹으면 도둑놈이 된다.
(2) 내세속신어: … 면 죽어서 좋다. 나쁘다
  ‣ 구경 못하고 일만 하다가 죽으면 소가 된다.
(3) 당위속신어: … 면 마땅히 하라. 좋다. 나쁘다.
  ‣ 이사가면 이웃에 팥죽을 주어라.
  ‣ 손님 왔을 때 방을 치우지 말라.
(4) 요법속신어: 병이 나서 … 면 좋다. 나쁘다
  ‣ 두드러기가 났을 때 변소 짚은 빼서 불에 태워 쓸어주면 낫는다.

- 눈이 아픈 사람의 손수건을 주우면 옮는다.

(5) 풍수속신어: 땅이 … 면 좋다. 나쁘다.
- 지네혈穴에는 닭혈이 있어야 한다.

(6) 해몽속신어: 꿈에 … 면 좋다. 나쁘다.
- 꿈에 용꿈을 꾸면 좋다.
- 꿈에 수레바퀴가 부러지면 부부금슬이 깨진다.

(7) 관상속신어: 몸이 … 면 좋다. 나쁘다
- 눈썹이 많으면 형제복이 있다.
- 여자 손발이 크면 고생을 많이 한다.

(8) 징조속신어: … 면 장차 좋다. 나쁘다.
- 동지에 날씨가 따뜻하면 새해 일 할 때 병이 많이 돈다.

(9) 주술속신어: 손해봐서 … 면 좋다.
- 도둑 맞으면 미꾸라지 눈알을 바늘로 찌르면 도둑의 눈이 썩는다.

(10) 세시속신어: 일 년 중 … 면 좋다. 나쁘다.
- 섣달 그믐날 밤을 자면 눈썹이 센다.
- 정월에 널을 뛰지 않으면 발에 가시가 박힌다.

5. 부탁: 이러한 자료면 아무것이나 이 종이 뒷면에, 또는 다른 종이에 50개 이상 100개 정도 써 주기 바란다.

# 많은 사람들이 조사에 협조

(1) 도와준 분들

내가 부탁한 조사의뢰를 여러분들이 거의 다 도와주었다.

그분들이 수업, 강의 중에 학생들에게 과제, 숙제를 주어 조사한 것인데, 내가 조사한 것까지 합치면 약 37,000개 가량이 된다. 속신어사전에 고마운 분들에게 사사謝辭하였다.

조사에 협조한 분들

서울여자대학교 김진영 교수, 성동구 성수중학교 윤갑중 선생, 성동구 덕수산업고등학교 김선희 선생, 한양대학교 김용덕 교수, 강현모 박사, 인천교육대학교 최현섭 교수, 연평고등학교 박지영 선생, 강원도 원주 상지대학교 김경수 교수, 대전 한남대학교 김균태 교수, 목원대학교 최태호 교수, 전남대학교 표인주 교수, 목포

문태고등학교 윤창병 선생, 전주대학교 정길남 교수, 부산 동아대학교 최두식 교수, 경북대학교 김택규 교수, 서종문 교수, 제주대학교 현길언 교수. 경주고등학교 교사 김상규 선생...

   문헌과 보고서와 등을 합치면 약 8,000개가 되어 내가 조사한 속신어는 도합 4만 5천 개 가량이 되었다. 이 자료들을 중복한 것을 하나로 하고, 가나다 순으로 배열을 하다 보니 약 1만 4, 5천 개 가량이 되었다.

(2) 도와준 가족들
나는 책 앞에,
"이 책을 부모님께, 은사님께 올립니다."
고 쓰고 싶었다. 그분들이 없었으면 오늘의 내 몸과 정신이 없기 때문이다. 그러나 이 헌사獻辭는 뒤늦은 감이 있어서 그만 두었다. 평생을 도와준 아내에게도 면구스러워 그만 두었다. 그러나, 속신어 자료 수집과, 정리와, 해설에서 상담과, 출판할 때 그림으로 돕고, 연락하는 일을 하는 등등 자녀손은, 일반 사전에 볼 수 없지만 속신어사전에 '가족 협조자'라고 하여 소개를 하였다. 가족이 많으니까 이런 사전을 낼 수 있으니 행복하고 감사하다.

   맏사위 정일형鄭一亨(나의 한양대 우리 과 제자) 동화고등학교 교사, 넷째딸 최우주崔友柱(중국 북경과 대만에 유학, 중국어와 국어교육 전공, 한양대 제자) 한빛맹학교 교사. 다섯째사위 이장희李張熙(건국대 수료) 만화가, 둘째딸의 아들인 외손자 황현민黃賢民(건국대 사학과, 국가

장학생 대학생) '한국투자회사' 회사원 등이다.

    이런 협조를 바탕으로, 나는 혼자 그 만여 개 속신어를 총력總力을 기울여 다 해설을 하기로 하였다. 모르는 것도 있었다.

# 21

# 사전 만들기로 결단과 진행

(1) 현실: 혼자 사전 만들기는 어렵다.

표제어標題語로 삼을 1만 개가 넘은 속신어를 보니 사실 백화점百貨店 같이 종류와 분야가 많고, 이를 내가 해석하자면 백과사전百科事典 지식을 알고 있는 만물박사萬物博士가 되어야 한다. 속신어를 다 알려면 속신어가 나온 한국 문화를 다 꿰뚫어야 한다. "한국과 한국 문화를 아는 지식의 소유자 한 사람"이 되어야 한다. 그런데…

나는 한국학의 백분의 일도 모르고, 세상만사를 아는 만물박사도 아니다. 물론! 그럴 능력도 없다. 물론!

무슨 학회學會나 기관機關이나 전문 단체에서 많은 사람이 달라붙어서 많은 속신어를 연구하고 해석하고 사전을 낸다면 모를까, 그것이 가능하지 않다.

그래서 그저 나 혼자 해야 한다. 그런데 나 혼자는 벅차다.

시간이 많이 걸린다. 많지는 않지만 돈이 든다. 재원財源지원은 없다. 체력體力이 있어야 한다.

그런데 어느 정도 벅찬 것은 해결하였다. 시간 여유, 돈 여유, 체력 여유, 무엇보다 정신력과 집념執念의 만만滿滿이 해결의 열쇠가 되었다. 얼마나 감사한지 모른다.

전국적으로 묻혀있는 속신어를 찾아, 발굴하여 조사하는 것도 어렵지만, 이 조사한 것들을 정리하고 엮는 것(편編)은 더 어렵고, 여기까지는 어렵더라도 하겠는데, 사실 더더 어려운 것은 속신어 하나하나를 정확하게 해석을 하는 것(저著)이다. 실로 난관難關이었다.

(2) 당위: 그래도 사전을 내야 한다.

지금까지 속신어에 대한 사전을 본 바대로, 자료집 성격으로, "이런 것이 있다"고 소개하는 정도로 출판하기에는 학계學界에 별 진전進展이 없다.

내가 처음 집문당 출판사에서 출판한 것, 그전에 김성배 교수도 출판한 것은 자료집 수준이었다. 이제는 진일보進一步하는 것인, 현재 있는 것을 다, 총합總合하고 망라網羅하여 해석하는 것, 바로 속신어사전을 내는 것이다.

속신어사전을, 내가 혼자로는 어렵다는 현실現實과, 그래도 내야 한다는 당위當爲 속에서 세월을 보내다가, 결단을 내렸다.

(3) '해설과 집중 연구' 첨가

집에 있는 많은 책 중 속신어에 관련이 있는 책을 다 뽑아, 우선

10가지 속신어 유형별로 정리를 하였다. 거의 백과사전에 해당할 만큼 참고할 문헌이 많았다.

그렇게 착수하니까 해 볼 만은 하였다.

그런데 진행을 하다 보니, 간단히 해석을 하지 못할 것을 만났다. 바로, 그 항목이 속한 종합적이고 총체적인 큰 덩어리를 먼저 일단 정리를 할 필요가 있었다. 그래서 '집중 연구'라는 특별해석 대목을 만들었다.

"윤달에 밀레를 한다."는 속신어를 설명하자면, '윤달'은 어떤 달인가? '밀레'는 무슨 말이고, 윤달과 밀레는 어떤 내력이 있는가를 먼저 알아야 이 속신어를 제대로 파악把握할 수 있다.

'집중 연구'를 예를 들면 이렇다. 집중 연구한 제목은 사전 앞에 '목록'을 실었다.

풍수지리風水地理. 물귀신의 정체. 누에 기르기(양잠養蠶). 사람이 죽어 치르는 초종장례初終葬禮. 이장移葬(밀레, 면례緬禮). 마마(천연두병). 다래끼(눈병). 임신姙娠. 출산. 결혼관結婚觀. 사후혼死後婚. 여제厲祭. 살煞내리기. 윤달閏月 등등

(4) 사례, 경험, 설화 등 보조자료 첨가

"처녀가 죽으면 평토장平土葬을 한다."
"재렴再殮에서 조골造骨은 초렴初殮보다 3배나 사례비를 준다."
"여자가 죽었을 때는 절구통을 패어 모닥불을 놓고, 남자가 죽

없을 때에는 매통을 패어 모닥불을 놓아주면 죽어서 명당에 간다. 그 숯으로 빨래를 다리면 동티가 난다."

이런 속신어를 그냥 그것만으로 해석을 할 수 없다.

우선 평토장, 재렴, 조골, 매통 같은 낱말부터가 생소하다. 낱말풀이를 하고, 그것도 부족하면 나의 경험과 사례事例와 민속民俗과 설화說話 들을 넣어, 그 속신어를 다각적多角的으로 해석할 수 있었다.

(5) 구조분석과 의미해석법 개발

나는 속신어 구조를 분석하고, 의미를 해석하는 공식公式을 만들었다.

설화說話를 연구할 때 내가 만든 화소話素 이론과, 속성屬性 이론을 속신어에 맞게 적용하였다.

속신어만에 쓸 용어用語를 만들고 명명命名하였다.

속신어의 특징과 전승의 힘을 외적外的으로 구조형식면에서 4을, 내적內的으로 의미내용면에서 4을 정하였다.

같은 내용이 상동相同, 상사相似로 여럿일 때 많은 자료로 공통된 의미를 찾아냈다. '자료중출해석법資料重出解釋法'이다.

나는 알고 있는 지식을 동원하고, 어떤 것은 "그럴 것이다"고 추리推理한다고 표현하고, 나의 능력이 따르지 못하면 "경험에 따른다. 미상未詳이다"고 하였다.

특별히, "발이 저리면 코에 침을 묻힌다"는 수만 개 속신어 중에 나도, 남도 모른 단 하나인데, 사전辭典답지 않게 솔직히 "독자가 알려달라"고 하였다. 어딘가에 알고 있는 사람이 있을 것이라고 보고. 그러고 나서 이제 속신사전의 모양과 체제를 생각하였다.

# 속신어사전 앞에 둔 '일러두기'. 여기서는 '추가설명' 첨가

(1) 사전은 속신어 1만 4, 5천 개 가량을 표제어로 삼아 가나다순으로 배열하였다.

내가 조사한 것과 남이 조사한 것은 약 3만 7천개 가량, 문헌으로 본 것은 8천 개 가량, 도합 4만 4, 5천개를 보고, 중복된 것을 하나로 하고, 비슷한 것을 덧붙여 "가나다… 파하꿈" 순으로 하였다.

(2) 속신어가 쓰이고 있는 지방은 제시하지 않았다.

인구 이동이 많은 현대에서, 속신어가 쓰이는 도와 시와 군, 면과 이와 동 같은 구체적인 장소를 밝히기가 어렵다. 전국적으로 조사하면 그 속신이 다른 곳에서도 나올 것이다.

[추가 설명] 그 속신어가 그 지방 사정에 따라 거기서만 생길 수 있는 것, 예컨대, 제주도, 연평도, 남해안 도서島嶼, 특정지역, 산중山

中(심마니, 곧 채삼인採蔘人이 활동하는 곳)이나 특산물特產物을 생산하는 곳 등은 지명을 밝혔다.

(3) 민간요법 속신어는 과학적으로 약효가 증명이 된 것이 있고, 증명이 안 된 것이 있지만, 이전에는 "이렇게 하면 낫는다"는 믿음과 사례가 있어서 사전에 올렸다.

앞으로 구명究明이 되겠지만, 현재 약효가 불명인 것은 "경험에 다른 요법療法이다"고 하였다.

[추가 설명] ① 개한테 물린, 광견병狂犬病일지도 모르는 증상에는, '가뢰'라는 작은 벌레를 약으로 쓴다고 여러 곳에서 조사 자료가 나왔다.

이 가뢰에 대한 것은 앞으로 의학계에서 주목하고 광견병 치료약을 개발하면 좋겠다.

② 나는 어려서 어머니가 허리가 아프고 팔다리가 쑤시면, 곧 관절 신경통 증상이 있으면 동네 밭가에 있는 울타리에 가서, '쇠물팍(표준어로 소의 무릎. 우슬牛膝)풀'을 캐서 뿌리를 삶아드렸다. 효과를 본 듯하다. 그런데 지금 '우슬초牛膝草(쇠물팍풀이다)약'이 나오고, 방송매체에서 선전을 많이 하고 있다.

③ 이런 민간요법에서 근거하고, 암시를 받아 어쩌면 난치병難治病, 불치병不治病, 위중危重한 병病에 치료제가 나올지도 모른다.

밭에서 귀찮은 잡초인 '쇠비름'은 민간요법이 곧 잘 쓰이는데, 본격적인 연구가 필요할 듯하다.

오래 전에 신문기사를 보니, "남미南美 브라질에 있는 특수한 약초

藥草가 있다"고 하여 한국학자가 가서 보니 '쇠비름(비슷한 풀)'이었다. 그 뒤 소식은 모르겠다만, 주목할 일이다.

내가 미국 아리조나주 사막에도 가 보고, 야생박물관野生博物館(주로 선인장 연구가 있다)에도 가보니, 박물관 입구에 이렇게 쓰여 있었다.

"사막이라는 악조건惡條件에서 어떻게 살아났는지(survival)를 묻지 말라. 사람이 살아가는 데에 사막이 어떤 도움을 주었는지를 물어보라."

그리고 박물관 안에 들어가니, '선인장으로 사막에서 병치료하는 법, 약을 만든 것 수십 가지의 책'을 팔고 있었다. 선인장이 많은 곳에는 선인장 활용법이 생기게 마련이다.

나는 머리털이 빠져서 고민을 할 때, 민간요법에 따라 '귤껍질을 삶은 검노란 물'로 머리를 감았더니, 비누 거품이 잘 나고 머리가 부드러워서 얼마 동안은 탈모가 되지 않았다. 손이 거칠 때 귤껍질을 문대면 어느 정도 피부가 부드러웠다. 하찮은 귤껍질을 제약계製藥界는 주목하기를. 군대에서 겨울에 동상凍傷에 걸리지 않게 자기 오줌으로 손과 발을 씻어서 손발 피부를 부드럽게 하고, 노인의 장수 비결에 동뇨童尿(어린이 오줌)을 먹으라고 하였다. 왜?

같이 먹으면 안 되는 음식飮食상극相剋도 연구할 것이다.

열熱을 내는 인삼이 사람에게 좋다지만, 그 인삼을 감당하기 어려운 어린아이에게 해롭다.


(4) 표제어와 비슷한 (유사類似, 상사相似, 상동相同, 상관相關 등) 속신

어들은 '아래를 보라'고 표시하고, 가나다… 순으로 박스에 제시하였다. 속신어끼리 상호 연관을 볼 수 있다.

[추가 설명] '아래를 보라'는 많은 자료는 가나다… 순이 아니고 내용으로 다시 분류하여 보면, "이 속신은 이런 뜻이 있다"는 것을 알 수 있다.

〈자료가 말한다.〉〈많은 자료에서 해답을 찾는다.〉는 말이다. 나는 이것을 중복된 많은 자료로 그 속신어를 해석한다는 말로 '중출자료해석법重出資料解釋法'을 개발하고, 사용하였다.

예를 들면, "눈병 다래끼 치료법, 감기 치료법, 마마(천연두) 치료법, 동물로 비가 오거나 날이 개는 것을 알아보기. 사람이 죽는 것을 예고豫告하는 동물들…"이 그런 것이다.


(5) 지방에서 조사할 때 나온 방언方言이나 그 지방에서만 쓰는 특별한 말이나 어려운 말. 난해難解한 것들은 풀이를 하였다, 되도록 표준어로 표시하였다.

[추가 설명] 제주도 말로 '여'는 암초暗礁이며, 경기도에서 갓난아이에게 나는 병인 '무. 미'는 아이들 골수염骨髓炎으로 고름이 뼈에서 나오는 것이다. 심마니(채삼인採蔘人) 용어나. 궁중宮中 용어, 암호暗號나 기호記號 등은 풀이를 하였다.


(6) 속신어가 원래 구어체口語體이므로 주어主語나 조사助辭가 생략이 된 것은 되도록 온전한 문장이 되도록 명사와 조사를 넣었다. 어떤 것은 구어체로 그대로 실었다.

(7) 동일한 조건절條件節(속신어 앞부분)에서 '좋다'와 '나쁘다'고 상반相反된 결과절結果節이 있는 것도 다 실었다.

[추가 설명] 속신어 앞에 있는 조건절 "꿈에 피를 보면"는 같은데, 다음에 나오는 결과절은 '좋다'와 '나쁘다'로 상반이 된다. 그러면 사람이 "꿈에 피를 보는 것"이 결국 좋은 것인지 나쁜 것인지 혼란스럽다.

사실은 다 맞다. 그 꿈을 좋다고 받아들이면 좋은꿈(길몽吉夢)이고, 나쁘다고 받아들이면 나쁜꿈(흉몽凶夢)이다.

"꿈에 피를 보았으니 생시에 피를 보지 말자. 싸우지 말자. 싸울 빌미를 만들지도 말고 거친 말을 말자. 나도 피가 나지 않도록, 상처 입지 않도록 조심하고, 남도 피가 나지 않도록, 남을 해치지 않도록 처신處身한다.

꿈은 반대다. 꿈에서 피는 좋은 것이라 한다. 오늘 좋은 일이 생길 것 같다. 오늘 하루를 즐겁게 살자."

# 속신어와 속담과 '인불구설화人不救說話'

(8) 일러두기 계속: 간혹 속담도 되고 속신어도 되는 것은 "그렇게 믿는다" 면에서 속신어로 올렸다.

[추가 설명] 속담에 "머리 검은 짐승은 구해주지 말라."가 있다. 이 속담은 "머리 검은 짐승을 구해주면 해롭다"는 속신어도 된다. 머리 검은 짐승은 사람(인간人間)을 말한다.

그런데 사람, 곧 머리검은 짐승(왜 이런 말을 썼을까?)을, 곧 죽을 자리에 있는 어려운 사람을 구해주는 것은 인지상정人之常情이요, 인간의 도리인데도, 이런 속담과 속신어가 진리眞理처럼, 잠언箴言처럼, 격언格言처럼, 명심보감明心寶鑑처럼 있는 것은 웬 일인가?

죽어가고 어려움이 처한 사람을 구해주지 말라면 무도無道요, 몰인정이요 무자비인데, "몰인정沒人情하라"고 속신어가 한다? 인정상 안될 말이다. 그런데 속신어는 "몰인정하라"고 한다. 이것은 우리를 당황하게 한다.

그 이유가 있을 것이다. 어떤 이유인가?

그냥 속신어사전에서 간단히 풀이하면 '인간' 공부에 쉽게 이해하지 못하여, 옛날이야기인 "인불구설화人不救說話, 곧 사람을 구해주지 말라."를 말해야 한다.

그러면 이 속담과 속신어를 안다.

### '인불구 설화' 내용

(1) 설화

옛날에 큰 물이 나서 상류에서 1. 모기, 2 뱀, 3. 노루가 떠내려온 것을, 하류에서 살며 이 딱한 정경情景을 본 갑甲소년이 살려주고 나니, 또 4. 을乙소년이 떠내려와서 그냥 내버려두면 죽을 사람인데, 갑소년이 같은 사람으로 딱한지라 을소년을 구하여 주었다.

3. 노루는 발로 땅을 파니 금은항아리가 나와서 갑소년에게 부자가 되도록 보은報恩하였다.

1. 모기는 원님의 딸이 있는 방으로 왱 왱 소리를 내서 인도引導하여 결국 갑소년은 원님의 딸하고 혼인하였다. 1. 모기가 결혼하도록 보은하였다. 갑소년은 행복하였다.

2. 뱀과 1. 모기와 3. 노루는 자기 갈 곳으로 가버리고, 갑소년은 갈 곳이 없는 4. 을소년하고 같이 살았다. 끝까지 4. 갑소년이 을소년을 도와주어서 을소년도 행복하지만, 그렇게 을소년에게 행복을 만들어 준 갑소년도 행복하였다. 두 소년은 다 행복하였다. 여기까지는 두 손년은 머리검은 짐승이 아니었다.

그런데 4. 을소년이 원님에게 "원님 사위 갑소년은 금은항아리를 훔친 도둑이다"고 고발하여(을소년이 배신하였다), 그만 갑소년은 감옥에 갇혔다(불행하였다). 이제부터 을소년은 머리검은 짐승이 된다.

이때 2. 뱀이 감옥에 기어들어 와서 은인 갑소년을 물어버리니 물린 곳이 텡텡 부어 올랐다. 은인에게 이럴 수가 있는가? 4. 을소년이 한 짓에 2. 뱀까지 설상가상雪上加霜이라니…

그런 후 2. 뱀이 무슨 풀을 물고 와서 갑소년의 부은 곳을 발라주니, 이내 나았다.

이때 나라 공주가 갑자기 2. 뱀에 물려 물린 곳이 텡텡 부은 일로 난리가 나고, 공주를 치료하면 사위를 삼고 벼슬을 주겠다고 광고하였다.

갑소년이 자기 경험을 살려 그 뱀이 갖다 준 풀로 공주를 치료하니, 갑소년은 감옥을 나오고, 부마駙馬가 되고 벼슬을 살았다. 행복하였다. 4. 배은망덕인 을소년은 벌을 받았다.

갑소년은 두 각시랑 재미있게 살다가 엊그저께에 죽었단다. 끝

(2) 교훈

이것이 "머리 검은 짐승은 구해주지 말라. 인불구설화"이다. 배신背信, 배은背恩, 망덕亡德한 자는 사람이라고 할 수 있는가? 없다. 징그럽다는 뱀보다 못한 악종惡種이라 벌을 받아야 한다. 어찌 사람이라고 하겠는가? 짐승이다.

'머리검은 짐승', 그 '짐승'도 잘 부른 말이다. 짐승보다 못한 것은 뱀이다. 이 설화를 보면 뱀은 보은을 하였는데, 을소년은 배은背恩하

였다. 그러니 을소년은 뱀보다 못한 놈이다.

그런데 '뱀'도 잘 보아준 것이다. 모기만도 못하다. 모기는 보은하였는데 을소년은 배은하였다.

그러면 을소년은 뱀보다 못하니까 뱀과 같다고 할 수 없고, 모기보다 못하니 모기와 같다고 할 수 없고, 어디에 비유할꼬? 을소년은 존재存在 무無 인지라, 곧 생명체生命體가 아니다.

이 세상에 있을 필요가 하등 없다. 그러면 을소년은 죽어 없어져야 한다. 바로 배은背恩하고 배신背信하는 자는 세상에 존재하지 않아야 한다.

그렇게 보면 '머리검은 짐승'으로 부르는 것은 잘 대접하는 말이다. 세상에 존재하니까. "죽어 없어짐"이 아니냐.

왜 그런가? '존재가 없음'은 '반성과 회개도 없는데', 짐승이라고 부르는 것은 '살아 존재하니까' "언제인가는 반성하고 회개하여 보은報恩하고 감사할 수 있다"고 본 것이다.

끝끝내 반성이 없이 배은망덕背恩忘德하면 영영 죽어 없고, 뒤늦게라도 보은보답報恩報答하면 '사람, 삶앎'으로 복귀復歸할 수 있다는 것. 이것이 사람이다.

그러기까지는 '머리검은 짐승' 선에서 머물러 있어야 한다. 정신 차려 올바른 사람이 되도록.

결론을 말하자.

모기나 뱀이나 노루 같은 하찮은 동물은 배은망덕하거나 배신을 안 하지만, 만물의 영장이요, 인륜人倫과 도道덕德을 중시하는 인간은 사실 배신을 하고 배은망덕을 곧잘 하니까 짐승만도 못하여, '머리검은 짐승'이라 부르고, 이 설화로서 이런 교훈을 담고 있다. 사람은 제대로 된 사람으로 돌아올 희망과 가능성을 가지고 있다는 교훈도 또한 담고 있다.

&lt;1&gt; 사람을 조심하라. 사람은 은혜를 입었으면 배신하지 말고 보은하라. 그 은혜를 모르면 짐승, 그 짐승만도 못하다.

&lt;2&gt; 그런데 짐승에게도 없는 그런 나쁜 일이 사람에게는 흔히 있다는 것을 알아두라.

&lt;3&gt; 사람이 짐승이 되어도 회개하고 반성하여 보은, 보답, 감사하면 도로 사람이 될 수 있다.

&lt;4&gt; 영영 보은 단계로 복귀하지 않는 자는 짐승이 아니라 "죽음. 존재무存在無"이다. 이것이 진리요 명심보감明心寶鑑이다!

(9) 이해를 돕기 위하여 설화說話, 실화實話, 사례事例, 예화例話, 경험담經驗談 등을 &lt; &gt;안에 실었다.

[추가설명] 그래서 이 속신어사전이 '읽을거리가 있는 사전'이 되었다. 그런 읽을거리를 넣으면 속신어를 잘 이해할 것이다. 위에 나온 '인불구설화'나, 사전에 나오는 '사람의 혼魂은 새양쥐 설화'를 알면 그 속신어를 잘 알 수 있다.

(10) 자료 중에 비도덕적이고, 무섭고, 사회에 나쁜 영양을 주는 것도 있지만 거의 다 실었다.

(11) 속신어 표현 중에 비속卑俗한 것, 금기禁忌하는 말, 장애障碍

를 말하는 것도 전해오는 것이라서 그대로 실은 것이 있다.

[추가 설명] 우리 고장에서는 감기를 "개조때가리(원말: 개0대가리), 눈병을 개씨바리(원말: 개0앓이)라고 그 병 귀신을 마구 천대賤待하고 구박하고 욕을 하는데, 그 감기 병 귀신과 눈병 귀신은 무엇을 좀 얻어먹을까 하고, 그 사람에게 병을 가져다가 좌정坐定하고 있는데, 보는 사람마다 개 무엇이라고, 개 무엇 같은 것이 좌정하여 있다가, 비속卑俗한 말을 해대니까, 듣기 싫어서, "에라. 더 못 있겠다. 에잇, 더러워서... 가버려야겠다." 하고 떠나간다. 감기 귀신과 눈병 귀신이 그렇게 가버리면 감기도 낫고 눈병도 낫는다."고 본다.

만만한 병에는 병 귀신을 이렇게 박대하지만, 천연두나 홍역 같은 무서운 병, 그 병을 주는 병귀신은 "상감마마"같이 "마마"라고 벌벌 떨며, 극히 위한다.

마마에 걸렸다는 말은 천연두 병에 걸렸다는 말이다.


(12) 한 가지 내용을 여러 가지로 달리 표현한 것은 되도록 통일을 하였으나, 그대로 둔 것도 있다.


예를 들면, 결혼식, 혼인식, 혼례, 대례, 결혼식날, 혼인식날/ 첫날밤, 초야, 신방/ 해산, 출산, 애기 낳기/ 임신부, 임부, 임산부, 산모, 해산부/ 해산. 출산/ 아기, 아이, 애. 애기, 어린애. 유아, 갓난애. 갓난아기/ 눈병, 다래끼/ 정월, 일월... 등등.

[추가 설명] 지금은 결혼, 결혼식이라는 말을 거의 다 쓰지만, 원래 이 결혼은 일제시대 이전에는 우리나라가 "혼인, 결연結緣, 혼사婚事,

대례大禮, 전안奠雁 등등 말을 썼다. 지금도 전통을 따른 사람들은 결혼식이라는 말을 쓰지 않고 혼인식이라고 쓴다.

이런 시대적 상황이므로, 또 지방과 개인의 사정에 따라 같은 것을 여러 가지로 표현하는 일이 많은데, 속신어의 성격상性格上 그 여러 가지를 사용하였다.

(13) 해설 중에 중요 사항과 중요 어휘는 집중적으로 길게, 연구와 해설을 하고, 설화와 예화 중 제목은 찾아보기에 실었다.

(14) 해설 중 내용이 다른 것은 1) 2) 3)... (1) (2) (3)...으로 구분하였다.

(15) 표제속신어 아래 해설을 할 때, 첫 문장에 그 내용을 요약하였다. 때로는 바로 해설로 들어간 것도 있다.

# 사전 끝에 쓴 '후기後記'

1,600여 면이나 되는 큰 사전을 마치고 나니 사전 뒤가 좀 허전하였다. 그래서 교정을 3번 보고 나서 후기後記를 써서, 머리말에 못다 한 내용을 마무리로 쓰기로 하였다.

### 후기後記 - 이 사전을 마치며
첫째로 감사하다.

우리 조상에게 감사한다. 우리 겨레 역사적으로 구전하는 전통문화를 많이 전승하고 소유하고 적용한 것을 감사하다.

속신어에 든 지덕체智德體, 지정의知情意, 지인용智仁勇이 뛰어났다. 귀한 보물이다.

나 혼자로 전국적인 조사는 벅찬데, 선학先學, 동학同學, 후학後學 등이 여러분이 자료수집에 도움을 주어서 감사하다.

각 지역과 각 시대에 산 여러분이 각종 문헌으로 자료를 실어 내가 활용할 수 있어서 감사하다.

둘째로 만족한다.

내가 대학생 때부터 지금까지 60여 년간 속신어 자료를 수만數萬 개를 찾고, 그중 만여 개를 하나 하나 해석을 한 것은, 평생 숙제를 풀어서 나로서는 매우 기쁘고 만족스럽다.

예를 들면, "말띠 여자는 나쁘다."와 "병病에서 감기, 학질, 마마(천연두), 다래끼 등 치료법", 임신, 출산, 육아 등 겉으로 보면 난해難解한 것을 경험과 추리로 해석을 한 것 등이다. 1960년대에 국어국문학을 전공으로 삼고, 구비문학에 몰두하며, 속신어를 집중 연구한 결과가 한국 최초로 이 사전이 이번에 나와서 기쁘고 만족한다.

또한, 1960년 4·19 참가자가 전공으로 나라사랑하겠다는 소망과 그 달성이라 행복하다.

이 속신들을 해석하면서, 나도 몰랐던 것을 알아가며, "이것이 한국이다. 한국인이다. 한국 문화다. 한국인의 기층문화基層文化다. 한국인의 의식구조意識構造다. 한국인의 생존生存과 생활生活이다. 외국과 비교가 된다…" 등을 줄곧 생각하게 되어 기쁘고 만족한다.

우리 조상은 참으로 지혜로운 선생님이었다.

셋째로 불만족이다.

내가 지금 이 속신들을 내 나름으로 객관적이고 합리적으로 최선을 다하여 풀이를 하였는데, 간혹, "추리推理하면 경험에 따른 것이다. 불명不明이다."로 표현할 수밖에 없어서 나의 한계를 느껴서고 아쉽다. 미진未盡한 것은 독자와 후인後人에게 숙제로 넘긴다.

넷째로 오래 동안, 온 가족, 곧 아내와 21명인 5녀의 가족의 이해와 협조에 감사한다.

이 방대한 사전을 내준 만속원에 다시 한번 감사를 드린다.

2023. 8.

수유리水踰里에서 최래옥崔來沃 씀

# 사전 앞에 둔 '민간속신어의 이해'

누구나 속신어에 대한 이해가 있어야 이 속신어사전을 제대로 사용할 수 있다.

이 말은, 내가 아무리 속신어 하나하나를 해설을 잘 하였다 하더라도, 속신어 전반에 대한 이해가 없는 사람이라면 제대로 알기 어렵다는 말이다. 바로 속신어를 이해하는 교과서 같은 도입부분導入部分이 필요하였다.

'속신어 이해'는 제대로 담자면 속신어를 안내하는 작은 책이 하나가 될 것이요(이 사전에는 17면이다.), 내용은 거의 논문 수준이 될 것인데, 사전 앞에 둘까, 사전 뒤에 둘까를 생각하다가 아무래도 도입導入, 안내案內, 길잡이 성격이니까 속신어사전 앞에 두기로 하였다.

그러고 보니 보통, 사전이 시작하자마자 나오는 "가갸거겨…"는 한참 뒤에 있게 되었다.

속신어 이해를 위하여 이렇게 항목을 잡았다.

민간속신어의 이해
1. 민간속신어는 언어문화의 유산
2. 민간속신어는 시간 · 공간 · 인간의 벽을 넘는 생명력이 있다.
3. 민간속신어는 구비단문口碑短文이다.
4. 민간속신어의 정의
5. 민간속신어의 가치
6. 민간속신어의 유형
7. 민간속신어의 구조분석
8. 민간속신어의 의미와 그 해석
 (1) 해석의 전제 작업
 (2) 해석의 실제
9. 민간속신어의 오늘
10. 민간속신어의 내일, 전망, 사전 편찬
11. 민간속신어의 매력과 전승의 힘
 (1) 겉: 형식면
 (2) 속: 내용면
12. 한국 속신과 외국 속신의 비교
13. 민간속신어의 연습문제

# 속신어의 매력과 전승의 힘

 속신어는 자기 힘으로 존재하여야 하고, 자기 힘으로 전승을 하여야 한다. 이 속신어를 꼭 지켜야 한다는 규정도, 법조문도, 규제規制도, 교육敎育 체계體系도 없다. 모든 것을 속신어가 자기 힘으로 해결한다. 도대체 그 수많은 속신어는 왜 생겨났는가? 왜 생겨난 것은 죽고 사라지지 않고 생명력을 가지고 전승을 하는가? 그 이유나 근거가 있을 것이다.

 곧 거기에서 그때에 살아가는 사람이 생존生存하고 생활生活하기 위하여 "인人인人인人인人인人"을 다짐하며 속신어는 존재한다.

 그러므로 속신어는 어떤 매력을 지니고, 무슨 힘으로 그래 오래 전승을 하였을까?

 내가 찾아본 바는 겉으로 4가지, 속으로 4가지 이유로 보았다. 이런 것이다.

1. 겉, 형식면形式面, 외형적外形的

(1) 구비단문口碑短文(형태: 활용하고 기억하기 쉽도록 길이가 짧다)

(2) 선후인과先後因果(내용: 전반부는 원인과 조건이고 후반부는 결과이다)

(3) 용도분명用途分明(용도: 교훈, 생존, 생활, 선행善行 등 삶앎을 잘 제시한다)

(4) 직설비유直說比喩(표현: 어떤 것은 직접 말하고, 어떤 것은 상징으로 표현한다)


2. 속, 내용면, 내부적內部的

(1) 지덕체신智德體信(4가지 교육敎育: 지육, 덕육, 체육, 신육信育 = 그렇게 믿어라)

(2) 다용실리多用實利(용도: 실제 생활에서 사용하면 이롭고, 편리하여 생존, 생활한다)

(3) 경험전승經驗傳乘(전승: 조상이 경험하여 이로운 것을 후손에게 전해줄 가치가 있다)

(4) 만물유정萬物有情(해석: 사람 같이 삼라만상森羅萬象은 희로애락 같은 감정이 있다)

# 구비단문口碑短文으로서 매력

　속신어는 길이가 짧다. 길이가 한 문장 정도로 짧다(말로 드러난 형태). 다른 구비단문인 속담처럼, 수수께끼처럼 짧아야 기억이 잘 되고, 전승이 잘 되고, 많은 내용을 축약할 수 있다.

　사실 그 속신어에 담겨있는 내용은 설명을 하자면 매우 크고 많고 심각하지만, 그래도 속신어에 담아서 전승할 때는 되도록 길이는 짧아야 한다.

　어떤 속신거리를 여러 문장으로, 여러 덩어리로 전하려면, 이내 사라질 것이다.

　예를 들면 "고사를 지낼 때 금줄을 친다"면 되지, 아래와 같이 이유를 들어 장황하게 어느 겨를에 설명을 할 것인가?

　그 말하고 싶은 금줄을 친 이유(속신어 속에 들어 있는 의미)는 이런 것이다.

금줄은 부정한 사람이 그 제사를 지내는 곳이 오지 말라는 무서운 경고警告며 엄격한 금지이다.

　　왜냐 하면, 고사는, 신성神聖한 시간에, 신성한 장소에서, 신성한 사람이 하는, 신성한 신에게 하는 신성한 행사이다. 그 신성한 시간과 장소와 인간과 행사에 부정不淨한 것은 가까이 가면…

　　안 된다. 금줄은 성聖과 속俗을 구분하고 가르는 왼새끼이다. 곧 금줄 왼새끼는 금줄 안에 있는 신성을 지키고, 금줄 밖에 있는 세속世俗과 부정不淨은 접근하지 못하도록 금지한다.

말하려는 내용은 이것인데, 속신어가 되려면 간단히 한 줄로 요약하면 된다는 것이다.

　　다음 표현은 한 줄 단문短文이지만, 내용을 설명하자면 길다. 그 내용을 한번 말해보라.


- 가을 닭띠는 잘 산다.
- 객귀客鬼물림을 하면 병이 낫는다.
- 계집은 사내를 잘 만나야 한다.
- 고기를 잡으러 갈 때에 개고기를 안먹는다.

# 속신어는 선후인과先後因果가 견고

속신어를 해석할 때는 진리를 어떻게 말하는가를 본다.

선후先後가 정해지고, 인과因果, 곧 원인과 결과, 선인선과善因善果, 악인악과惡因惡果를 보고. 이것은 진리를 지키자는 것이라고 보아야 한다.

예를 들면, "나쁜 놈은 잘 살더라"는 현실이 '진리'가 아니라면, "나중에 나쁜 놈은 벌을 받더라."고 하여야 진리가 된다는 말이다.

속신어에서 "옳은 것은 언제나 옳다"고 진리를 말하려면, 현세나 현실에서 고정固定이 되어 있는 "시간과/ 공간과/ 인간과/ 상황狀況, 사건事件, 사물事物. 곧 시공인사時空人事"의 4가지 벽을 허물어야 한다. 바로 시공인사가 자유자재自由自在로워야 한다.

- 시간에서: 오늘이 어제가 되고, 오늘이 내일이 될 수 있고, 이승, 현세現世가 전세前世가 될 수 있고, 전세가 현세가 될 수 있고, 현세가 내세(저승)가 될 수 있고 '현세 – 내세 – 현세 복귀'가 될 수 있다.
- 공간 장소에서: 여기가 저기가 될 수 있고, 저기가 거기가 될 수 있고, 고향故鄕이 타관他官이 될 수 있고, 전방이 후방이 될 수 있고, 후방이 전방이 될 수 있다.
- 주체主體에서: 사람이 사람 아닌 다른 것(동물, 무생물 등)이 될 수 있고, 동물이 사람이 될 수 있다. 사람이 개가 되고, 개가 사람이 된다.
- 사건에서: 비극悲劇이 호사好事가 될 수 있고, '억울함'이 '해방과 자유와 복수'가 될 수 있고, 거지가 부자가 될 수 있고, 부자가 거지가 될 수 있다.

이런 자유자재는 인과因果에 따른 '진리의 불변성不變性' 때문이다.

# '십년공부 하루아침' 설화와 속신어의 인과율因果律

원인과 결과가 단단히 하나로 걸려 있다는 것인 인과율因果律로 속신어를 해석한다.

**'십년공부 하루아침' 설화**

(1) [현세現世]

옛날에 김정승이 서울에 아내를 두고 지방에 순찰을 갔다.

김정승이 후에 서울로 돌아와 보니, 고상하고 부귀영화를 누리던 정승의 아내가 집에 찾아온 하찮은 소금장수와 눈이 맞아, 집을 떠나 행방불명이 되었다.

이럴 수가 있을까?

도저히 그 원인을 모르고 고민하던 김정승은 모든 관직官職을 버리고 "떠나버린 아내, 그 아내 찾기, 왜 자기를 떠났는가 하는 그 이유"

를 알고자 전국을 찾아다녔다.

김정승은 드디어 어느 바닷가에 갔다가 주막을 하고 있는 아내를 만나고, "모든 것을 용서할 테니 집으로 가자,"고 하였더니, 이전 아내였던 주모는,

"지금 주막 남편과 살고, 주막을 하는 것이 행복합니다. 집에 돌아가지 않겠습니다. 나를 포기하고 그냥 돌아가십시오."라고 하였다.

이럴 수가 있을까?

김정승은 빈손으로 돌아와 '그 수수께끼'를 풀고자 입산入山, 수도修道하여 김스님이 된 지 만 십년이 되었다. '십년공부... 하루아침'에 눈앞에 전개된 영화 같은 한 장면...

(2) [전세前世]

이씨스님이 이 한 마리를 죽이지 않고 몸에 붙여 살려 둔 채로 여기저기 동냥을 다녔다.

통통 살이 붙은 이가 자꾸 몸에서 떨어지므로 이 기르기도 귀찮아서 이씨스님은 그 이를 잡아, 마침 길가에 자고 있는 멧돼지 몸에 옮겨주었다.

이제 이가 신세질 곳은 이씨스님이 아니고 멧돼지였다.

(3) [현세]

훗날 그 전세의 이씨스님은 현세의 김정승이 되고, 전세의 이는 현세의 김정승의 아내가 되었다. 전세에 이(현세의 여자)는 [처음에] 살려준 이씨스님에게 은혜를 갚고자 김정승(전세 이씨스님)의 아내

가 되었다. 김정승의 아내는 행복하였다.

김정승의 아내는 남편 김정승에게 전세의 은혜를 다 갚을 무렵, 전세에서 멧돼지였다가 현세에서 소금장수가 된 남자를 만났다.

[다음에] 살려준 그 멧돼지에게 은혜를 갚고자 소금장수(전세 멧돼지)의 아내가 되었다. 주막 주인의 아내는 행복하였다.

이전 김정승, 지금 김스님은 비로소 "인연因緣이란 것, 원인原因 있고 결과結果가 하나로 연결되어 있다는 인과因果의 법칙인 인과율因果律을 깨달았다.

### (4) [인과因果의 결론]

십년공부를 하던 수도자 김스님은 '현세 - 전세 - 현세'하는 시간의 벽, 공간의 벽, 인간의 벽, 사물과 상황의 벽을 허물고 보니, '십년공부 하루아침' 깨달음이었다.

그 사연을 알지 못하여 '십년공부'를 하였더니 '하루아침'에 득도得道하여 인과因果律을 깨닫고.

이것이 인과율因果律인 진리를 터득攄得함이었다는 유래설화由來說話이다.

### 이 설화의 교훈

(1) 원인이 있으면 반드시 결과가 있다.

이것이 진리이다. 나쁜 일을 하였는데 아무렇지도 않고, 도리어 잘 살고 잘 된다는 것은 있을 수 없다.

속신어에는, '착한 일을 하면 좋은 결과가 있다는 선인선과善因善

果'와, '나쁜 일을 하면 반드시 나쁜 결과가 있다는 악인악과惡因惡果' 는 것을 말한다. 설화와 속신어를 보면 민간에서 이것이 진리이기 때문이다.

(2) 그 진리를 증명하기 위하여 시간의 벽, 공간의 벽, 인간의 벽, 사건의 벽을 허물고 '시공인사'를 자유자재로 한다(문학작품이 작자의 상상력으로 이런 구도構圖가 설정設定이 된다).
현세 시간 안에서 보면 "악인이 잘 살더라"는 있을 수 있다. 그러나, 현세 시간을 내세 시간으로 바꾸어 보면 "악인 이 잘 살더라"는 있을 수 없다. 현세 시간만으로는 진리를 말하기 어려우나, 현세와 내세를 넘나드는 시간의 벽을 허물고 보면 진리를 말할 수 있다. 속신어는 그렇다.

(3) 은혜를 입고 은혜를 갚기는 불변不變의 진리이다.
위 설화에서 '이' 한 마리는 '전세의 은혜 입음'을 '현세의 은혜 갚음'으로 보여주었다.

(4) 부부가 된 수수께끼를 풀어보자.
비유하건대, 현세에서 남녀가 만나 '부부로 살기'는 서로 전세에 신세를 지고, 은혜를 베풀고, 은혜를 입어 '은혜갚기'라는 말이다.
전생의 인연으로 현세에 와서, 남편에게 은혜를 갚는 아내, 아내에게 은혜를 갚는 남편... 이런 생각이 있다면 부부가 어찌 사랑하지 않고, 감사하지 않고, 불쌍하지(나이가 들면 '사랑'의 다른 표현이다)

않으랴? 다시 말한다.

"부부는 서로 사랑하라. 아낌없이 남남이 만나 부부가 되는 것은 보은보답報恩報答이요, 천생인연天生因緣이요, 호연지우好緣之友임을 안다면 어찌 부부가 사랑하지 않으랴?"

부부는 무엇이며, 남남이 다 커서, 하고많은 남녀 중에 꼭 한 사람을 골라 만나 부부가 되고 서로 사랑하는 이유가 무엇인가? 부부가 된 것은, "결코 우연偶然이 아니고, 인과因果 진리眞理에 근거한 숙연宿緣을 바탕으로 한 필연必然이다."를 알고 보면 부부공부는 끝!

# 선조가 경험한 것을 후손에게 전승

속신어 "구경 못하고 죽으면 소가 된다."를 보자.

이 속신어를 보면 "구경을 하라"는 말이다. 그런데, 이 말을 들은 사람 중에는, "돈이 들고, 시간을 빼앗기고, 돈을 벌고 일을 하고 농사짓기도 벅찬데 어느 겨를에 구경을 다닌다는 말이냐? 구경은 사치요, 심하면 패가망신敗家亡身한다."고 반박을 할 것이다.

그런데 언제나 진리나, 진리 비슷한 것을 말하는 속신어는 사람을 보고 구경을 하라고 한다.

구경하는 것이 돈을 벌고 일을 하는 것보다 더 이득이라는 말이다. 그럴 수가 있을까?

요즘 우스운 말로, "사람이 죽을 때 '껄 껄 껄' 하고 죽는다"고 한다. 껄껄껄… 웃으면서 죽는다는 말인가? 아니다. 결코 아니다. 죽는데 무슨 껄껄껄 하고 웃는다는 말인가?

이것은 후회, 적어도 생전에 하지 못한 일이라서 후회하는 것이 서너 가지라는 말이다. 그 후회가 대개 이렇다.

후회가 없는 것:

"돈을 많이 벌 걸, 이성異性에 혹惑하고 살 걸, 죄를 짓고 욕을 먹고서라도 부귀영화를 누리고 살 걸…"은 없다.

후회가 있는 것:
(1) 사랑하기 부족. 후회: "그 시간 거기서 그 사람, 그 가족에게 한없이 감사하고 사랑할 걸."
(2) 구경하기 부족. 후회: "너무 세상을 모르고 살았다. 거기에 한 번 가 볼 걸."
(3) 소원대로 못한 것. 후회: "노래 〈짜증을 내어서 무엇하나? 인생 일장춘몽인데 아니 노지는 못하리라〉 대로 못 살았다. 짧은 인생, 짜증낼 시간, 원망할 시간, 미워할 시간이 어디 있는가? 그런 안 좋은 데에 시간을 허비하지 말 걸."
(4) 덧붙여, 재미있게 살기 부족. 후회: "원하는 대로 한 번 해 보고, 한번 원하는 것을 먹어 보고, 원하는 대로 한번 신나게 웃어 보고, 원하는 대로 건강을 챙기며, 원하는 대로 순간 순간마다 깨가 쏟아지게 재미있게 살 걸."

이 중에 "거기에 한번 가 볼 걸. 구경할 걸. 관광觀光할 걸…"을 주목하라.

보통 우리나라에서 전통적으로 부자라면 '경주慶州 최부자崔富者'를 제일로 친다.

그런데 경주 최부자가 제일부자로 치는 것은 "구경을 잘 하였기" 때문이다.

이 무슨 소리인가? 이에 대하여 옛날이야기가 있다.

# "경주 최부자네 이야기"
## : 부자가 되려면 구경을 하라.

**경주 최부자네 이야기**

옛날에 경주에 사는 최씨네 마나님이 죽어 저승에 갔더니, 염라대왕이 물었다.

"합천 해인사를 가 보았느냐?"

"일을 해야지요. 구경은 낭비입니다. 거기에 안 가 보았습니다."

"허허허. 이런 이런. 합천 해인사를 안 가 본 사람은 지금 여기서 지옥에 가도 왜 가는지를 모른다. 내가 벌을 준 효과가 없다. 그러니 다시 세상에 돌아가거라."

그래서 그 마나님은 세상으로 도로 나왔다. 구경을 못 하였다고 살아오다니 얼마나 다행인가? 그런데 염라대왕이 불렀다.

"잠깐! 거기 섰거랏! 사람으로 도로 나가면 또 일만 할 것이다. 그러면 해인사 구경을 안 갈 것이다. 그러면 돌려보낸 보람이 나는 없다. 그러니 개가 되어 나가거라!"

그런 후, 그날 밤 꿈에 염라대왕이 나타나서 마나님의 아들에게 말하였다.

"너희 어머니는 해인사 구경을 하지 않아서 해인사 구경을 하고 오라고 돌려보냈다.

사람으로 나가면 또 일만 할 것 같아서 개로 만들어 돌려보냈다. 지금 마당을 보라. 개가 한 마리 있지? 그 개가 너희 어머니다. 해인사 구경을 시켜드려라."

그리하여 아들은 개를 등에 업고, 해인사 구경을 시켜드렸는데, 집 가까이 오니까 등에 업힌 개가 된 어머니는 내려 달라고 끙끙거리고, 그래서 아들이 내려 주었더니 개가 땅을 파고, 그 땅에 개(어머니)를 묻었더니 그 집은 부자가 되었다.

이것이 경주 최부자네 개무덤, 경주 최부자가 부자가 된 내력 이야기이다.


"부자되기는 구경하기"라는 등식等式은 맞는가? 아래를 더 보라.

# "생전에 구경 셋을 하면 사람이 된다"와 한국인의 관광철학

**"세 군데를 구경하였느냐?"는 옛날이야기**

"경주 최부자네 이야기"와 비슷한 것이 여럿이 있다. 이것을 종합하여 보자.

옛날 어디에 살던 일밖에 모르던 사람이 죽어 저승에 갔더니, 염라대왕이 물었다.

1. 경상도 합천 해인사를 보았느냐?

충청도 논산 미내다리(전라도와 충청도를 잇는 큰 다리. 사람이 많이 다니기에 편리하다)를 가 보았느냐?

전라도 김제 금산사 미륵전을 가보았느냐?

2. 서울 구경을 하였느냐?

3. 금강산 구경을 하였느냐?

그 사람은, "일만 하다가 구경 같은 사치로운 일을 못하였습니다. 구경을 못하는 것도 죄가 됩니까?" 라고 항의를 하였다. 염라대왕은 혀를 끌끌 차면서, 지옥에 보냈다(소로 만들었다. 뱀으로 만들었다. 개로 만들었다).

이 설화를 해석하여 보자.

1. 살아서 생전에 구경할 것들 세 가지
1) 해인사와 미내다리와 미륵전이 뜻한 것(예술, 정신문화 공부)
(1) 거대하고, 아름다운 예술이다. 그 예술을 알라.
(2) 진리를 가르치는 종교가 있다. 그 종교를 알라.
(3) 사람들에게 도움을 주는 선행이요 공덕功德이다. 이타공덕利他功德을 알라.

2) 서울 같은 대처大處가 뜻하는 것(사람, 사회 공부)
(1) 나 말고 다른 사람들이 어떻게 열심히 사는가를 알라. 남들도 나처럼 열심히 산다.
(2) 자기 식으로 사는 것이 제일이라고 하지 말라. 다른 사람도 최고最高, 최선最善으로 산다. 남들도 최고를 향하여 발전하며 산다.
(3) 다른 사람이 사는 분야도 알라. 돈 벌고 쓰는 것, 사람 사귀는

것, 공부하는 것을 알라.
(4) 남들도 사는 데에 어려움이 있음을 알라. 나만 살기가 어렵다고 탄식하고 실망하지 말라.
(5) 우물 안 개구리처럼 유아독존唯我獨尊으로 살지 말라. 자기가 사는 것이 제일이라고 고집固執하고, 아집我執에 빠지지 말라.

사람은 넓은 데(큰 고장. 대처. 지금은 전국각지, 세계 여러 곳)를 가보아야 한다. 물론 사람공부하고 깨닫고 이해하여 마음의 폭을 넓혀야 한다. 그리 안 한 건성구경은 실로 낭비이다.

3) 강원도 금강산이 뜻하는 것(우주, 자연 공부)
(1) 대자연의 섭리를 알라. 아름다움과 인간의 한계限界를 깨달으라. 하늘을 보라.
(2) 인간을 떠나 자연에서 아름다움을 알라. 자연은 신비롭고 오묘奧妙하다.
(3) 대자연 앞에서 인간의 한계를 알라. 인간도 결국 자연의 하나이다.
(4) 자기 고장의 풍광風光이 제일이라는 자만심自慢心을 버려라. 세상은 넓다.

사람이 태어나서 위 1) 예술, 정신문화 공부, 2) 사람, 사회 공부, 3) 우주, 자연 공부를 하는 것, 곧 구경과 관광을 통하여 이 셋을 공부하고 얻는 것은 사람이 살아서 사람답게 사는 것이다. 바로 사람이 이 세상에 태어나서 이 셋을 공부하여 사람답게 사는 것이면 좋다는 말이다.

    일만 하여 얻는 것보다, 구경과 관광을 하여 이 셋을 얻는 것이 훨씬 더 이득이 아닌가?

    사람이라면 이런 수지收支맞는 계산을 하라. 소나 개나 뱀은 그런 계산하기에 해당이 없다.

    사람이 일만 열심히 하다가 죽으면 잘 산 것 같으냐…

    사실은 일만하는 소하고 무엇이 다른가? 소처럼 무지無知하다. "일 못하고 죽은 귀신을 보았냐? 누구는 일을 안 하고 살았냐? 하고 남들이 말하면, "그래도 일이 최고!"라고 선뜻 대답하기가 어렵다.

    사람은 일을 하게 마련이다.

    그런데 그 일, 일, 일에 평생을 매달리지 말라.

    그러다가 보면 소밖에 더 되겠는가? 그러므로 구경을 하여 소가 되는 신세를 면하라.

    사람이 보고 들은 견문見聞이 없거나 적으면 이해성理解性이 없다. 관용寬容이 적다. 고집이 세다. 고집이 센 벽창호(碧昌牛에서 온 말. 평안도 벽창 지방의 소는 고집에 세다) 같다. 그렇게 살 것이 무엇이 있는가?

    사람이 태어나서 융통성 없이 외고집으로만 산다면 무슨 칭송稱頌감인가?

    일만 하겠다고 하고, 구경이나 관광은 아무런 쓸모가 없다는 사람은, "소 같이 일만 하는 사람. 소처럼 하나만 아는 사람. 저 사람은 소다!"고 평을 듣는 사람이다.

그 사람을 보고 사람마다 "소! 소! 소!" 하면 살아서도 소 대접을 받지만, 죽으면 진짜 소가 된다.

다른 속신어에는, 구경을 안 하는 사람은 사갈시蛇蝎視하는 징그러운 뱀이 된다고 한다.

누구나 그런 뱀 같은 사람을 사귀기를, 만나기를 싫어한다. 그 사람도 다른 사람을 상종相從하지 않는다. 피차 "세상 물정을 모른 저 사람은 꼴보기 싫다"는 뱀을 보는 것과 같다. 그렇게 살아서 뱀 대접을 받으면 죽어서는 진짜로 뱀이 된다. 구경을 하면 현세나 내세에 뱀처럼 살지 않는다.

"경주 최부자 이야기"에는 일만 하던 어머니는 죽었다가 이 세상에 돌아올 때 '개'가 되었다. 이 말은 그 여자가 살았을 적에 개처럼 살았다는 말이다. 개가 하는 일을 사람이 한 것!

그 사람은 누가 "구경 가자, 관광 가자"고 권유하면, 단번에 이런 이유를 대고 거절을 한다.

"돈 들어요. 시간 빼앗겨요. 구경하고 나면 남은 것이 없어요. 먹고 살기가 바쁜데 웬 구경이요? 일을 하면 하나라도 남은 것이 있는데, 구경하면 하나도 남는 것이 없어요. 구경이 돈 벌어줘요? 밥 먹여줘요?"

그러지 말라. 구경하면 진정 값진 것, 사람이 삶앎이라는 것을 일게 되니. 밥 먹여 준다!

하다못해 돈이 안 드는 이웃동네라도 구경을 하라. 힘이 있다면 앞산이라도 올라가 보라. 안 가 보는 것보다 가 본 것이 훨씬 낫다. 가만히 있으면 별무이득別無利得이다.

구경을 가면 눈으로 견見하고, 귀로 문聞하는 견문見聞이 있다 하고, 가슴으로 감感하고, 손발로 동動하는 감동感動이 있다고 하는 이득이 있다.

귀로 문聞하면 총聰이고, 눈으로 견見하면 명明이므로, 구경을 하면 귀를 통하고 눈을 통하여 총명聰明하여진다. 누구나 총명하기를 원한다. 그 좋은 총명이 "구경"에서 나온다!

그래서, 사람이 총명하면 사람답게 잘 사는 것이다.

"진작 살아서 구경할 걸." 이런 후회를 말라.

미련한 소나 징그러운 뱀이나, 텃밭 구렁이나, 사람에게 천대받는 개가 되지 말라. 소나 뱀이나 개에게는, 사람 차원에서 말하는 참다운 삶앎을 논할 수 없다. 삶앎은 견문見聞과 총명聰明에서 나온다.

이것이 속신어와 설화에 나타난 '한국인의 관광 철학'이며 '구경관觀'이라고 하겠다.

## 33

# 아랫목을 차지한 사람과 윗목에 앉은 사람

나는 지방에나 여러 곳에 설화조사나 속신어 조사나 민속 조사를 갈 때가 있다.

예를 들어 동네어른이 많이 모이는 사랑방이나 마을회관을 찾아간다. 정자나무 아래에도…

그러면, 나는 누가 이야기를 잘 해 줄까, 누가 나에게 도움이 될까를 즉시 파악하여야 한다.

나의 경험을 통하여 보면, 대개 사랑방 아랫목에 도움이 될 듯한 인기있는 제보자提報者가 앉아있다. 그래서 나는 아랫목에 앉은 사람을 얼른 주목한다. 이런 사람이니까.

이 사람은 우선 말을 잘한다. 입담이 좋다. 구성지고, 청중을 휘어잡는다. 그 자리에 있는 사람들을 웃기고 울리고, 청중을 좌지左之하고 우지右之한다. 또한 기억력이 좋다.

이 사람은 살아온 세월이, 경험한 것이 실로 다채롭다. 많이 돌아다니고 보고 들은 풍월風月이 많다. 일만하는 단조로운 인생을 산 사람은 이야깃거리, 화제話題가 별로 없다.

이 사람은 자기가 경험한 것, 들은 것, 책에서 본 것을 조합하여 자기식 이야기를 꾸며 발표 하는 입담좋은 재간이 있다. 자기 입으로 "나는 거시기 오사리잡놈"이라고 웃긴다.

잡놈이라지만, 창조적創造的이다. 명랑하다. 몸과 마음이 건강하다. 기세가 당당하다.

이 사람은 비가 오면 비설거지, 물을 떠온 것, 방청소하는 것, 심부름을 하는 것은 거의 하지 않는다. 좌장座長 노릇을 한다.

아랫목에 사랑방 가장자리에 앉아서 다른 사람을 심부름을 시킨다. 다른 사람이란? 사랑방 가장자리에 앉은 사람이다. 인기人氣 별무別無.

그들은 경험과 화술話術이 부족하지만, 사랑방에 와서, 이 사람 좌장이의 입에서 나오는 이야기를 듣기를 좋아하는 사람인데, 주로 비설거지, 물떠오기, 심부름, 방안 물건의 정돈과 청소 등을 기꺼이 한다. 자리값으로. 이런 사람은 제보자로서 나는 주목注目하지 않는다.

구경을 많이 하는 사람이 나이가 들어 으뜸자리에 앉고, 일만 하는 사람처럼 사랑방 가장자리에 앉지 않는다. 그런 아랫목에 앉아있는 사람이 나의 조사에 도움이 된다는 것을 터득하였다.

이 사랑방에 온 사람들이 자리를 잡은 경우, 돈이 있거나, 학식이 있거나, 가문家門이 빛나거나와는 상관이 없다. 오직 산전수전山戰

水戰을 다 겪고, 구경을 많이 다닌 이야깃거리가 풍부하고 구수하게 풀어내는 재미있는 웃기는 사람이 사랑방의 좌장 노릇을 한다. 그럴 자격이 있다!

내가 속신어 연구를 하면서 하고 싶은 말은, "사람이 되어서, 할 수 있으면 구경을 많이 하라, 관광을 다녀라, 사람 사는 것을 많이 찾아보라, 이야깃거리를 많이 장만하여 두라."는 것!

# "어린애를 낳고 개나 고양이를 기르면 안된다."

### 1. 과거와 현재에서 애완동물

지금 시대에 애완동물, 반려동물이라고 하여 동물(주로 몸집이 작은 것. 새도 포함. 심지어 뱀 같은 길동물도 기르더라)을 집에서 기르는 사람이 많고, 그 동물을 사랑하는 사람이 많다.

그런데 1960년대나 70연대만 하여도 애완동물, 반려동물이라는 이름도 없었다. 자연히 그런 동물 기르기도 없었다.

먹고 살기 힘든 식량 사정, 마음껏 활동할 수 없는 좁은 주거住居 환경, 밖에 나가서 일을 하여야 하는 근로勤勞 여건與件... 등등 환경에서 동물을 식구처럼 집안에서 기를 수 없었다.

"방안에서 애 하나 키우기도 벅찬데 개까지 방안에서 키운다고? 어린애와 동물을 같이 키운다고? 안 된다! 안 되고말고! 동물이 얼마나 무서운데..."

이런 때였다.

당시는, 지금처럼 주로 집에서 기르는 동물이라도 방안에 두고 가깝게 지내지도 않았다. 그래서 속신어에서 애완동물은 "예뻐하는 짐승" 정도였다.

지금은 모든 환경이 애완동물을 기를 수 있게 되므로, 그 아이나 부모는 집에서 애완동물을 기르게 되었다.

육아育兒 속신어는 이런 이전 환경에서 나온 것이다. 바로 이전 환경을 바탕으로 하고, 그 바탕에서 지금 환경을 가加해서 본 결론은... 이것이니 당연하다.

"어린애가 있을 때 애완동물은 기르지 말아야 한다."

이전에는 자식을 많이 낳고, 다 잘 먹이고, 낳은 자식이 죽거나 병들지 않게, 사고없이 무병무탈로 기르는 것이 최우선이었다. 그 때는 지금 같은 애완동물 키우기 같은 현상이 없을 때라, 그 때에 맞는 애완동물을 조심하라는 속신어가 많이 나왔다. 애완동물이 아무리 좋아도 내가 낳고 기르는 자식만 하겠는가? 진실로 자식키우기는 중요!

이런 관점에서 이 속신어를 말하는 것이니 지금 애완동물 애호가는 이해하기를 바란다.

### 2. 육아와 애완동물 관계

(1) 털이 문제다.

눈에는 잘 안 보이지만, 개나 고양이 몸에서 떨어진 많은 털이 음식에 들어가서, 어린애가 먹다가, 또 방바닥에 떨어진 털을 아이가 주워 먹어서 어린애의 목에 걸린다.

 어린애가 목이 간질간질하여 자꾸 울기도 한다. 이유 없이 어린애가 울면 털 때문이기도 하다. 또, 이런 짐승의 털이 어린애의 살갗에 달라붙어서 알레르기를 일으킬 수도 있다.

(2) 질투가 문제다.

 그동안 주인의 사랑을 받고 안방에서든 마당에서든 자라던 고양이나 개는(다른 동물도 마찬가지이다), 주인이 이제 아이를 낳고 아이를 당연히 사랑하게 되면, 질투를 하여서, 자기 사랑을 빼앗아간 아이를 해칠 수 있다. 그런 사례가 가끔 있다(견문見聞, 신문기사. 방송에서).
 짐승의 질투는 무섭다. 사정이 없다. 짐승에게는 사랑받기와 질투하기의 본능이 있고, 이해理解나 배려配慮하기의 본능은 없다.

(3) 동물은 동물이다.

 개가 밥을 먹을 때 저를 끔찍이 귀여워해주는 주인이 건들거나, 그 먹는 것을 손대면 사정없이 물어버린다. 짐승에게 사랑받기와 질투하기 본능은 이렇게 있다.
 어린애가 개밥을 건들 수 있다. 개가 그냥 있겠는가? 큰일 난다(내가 어려서 당하였다).

(4) 안심이나 방심放心은 안된다.
 ① 어린애의 연약한 살, 젖살은, 모유나 우유는 고양이나 개가 핥는 등, 식욕食慾을 자극할 수 있다. 이때 방어력防禦力이나 판단이

없는, 실로 연약한 어린애에게 개나 고양이는 무서운 맹수猛獸가 되므로, 실로 위험한 일이다. 어린애는 그런 동물을 방어할 힘이 전혀 없다.

②아이를 낳기 전에 그동안 아무리 사랑하는 애완, 반려동물이라도 사정을 보지 말고 처분하거나, 오래 격리하여야 한다. 방안에 들여서는 안 된다. 속신어는 이것을 강조한다.

개가 입을 벌려 드러난 개 이빨을 보고 어린애가 그냥 있을까? 어른도 물릴까 보아 긴장한다.

③"우리 개는 안 무서워. 우리 고양이는 착해..."

이런 말은 위험천만危險千萬이고, 어불성설語不成說이다. 주인에게야 그러지만... 자기 어린아이에게도 착하다는 보장은? 없다. 개나 고양이 같은 것은 어찌 되었건 다 동물이다.

④ 어른이 사랑할 때는 그 동물은 순하다. 그러나...

그렇지만 어른에게는 애완동물일지 모르나, 어린애에게는 공포를 주는 동물, 짐승일 뿐이다. 어른에게 애완동물이지, 어린애에게 애완동물이 아니다. 어린애에게 착하고 순한 동물이라고?

어린애는 애완동물을 사랑할 줄도 전혀 모른다.

사랑하지 않는 어린애를 따를 동물(애완동물)은 이 세상에 없다. 그 애완동물이 배가 고프다면, 병이 있다면, 화가 나 있다면, 그래서 그 상대자가 어린애라면, 곁에 어린애에게는 그 동물은 힘이 세다. 무섭다. 겁을 준다. 가해加害동물이다.

"그 방에 어른이 없다. 엄마도 없다. 어린애가 혼자 있다.

개와 고양이 같은 동물이 어린애 곁에 있다.

그 동물(병이 난 것)은 순하다. 그래서 안심이다."
고, 저런 저런. 어린애, 특히 젖먹이엄마가 "자신" 있게 말할 수 있는가? 그런 '자신'은 비극을 부른다! 동물에게 있는 병균이 어린애에게 옮길 수도 있다. 비극이다!

  ⑤ 그 집에 어린애가 없이 다 큰 아이나, 부부만 있다면, 성인成人 홀로 있다면 애완동물을 길러도 되지만, 출산 직전은 물론, 출산出産 전후나, 육아育兒 시기에는 온 가족은 두지 말아야 한다.

  ⑸ 소리가 무섭다.
  고양이 울음이나 개 짖는 소리는 어린애를 괴롭힌다. 불안에 떨게 한다. 깜짝깜짝 놀라게 한다. 사람이 옆에 없을 때 고양이나 개만 있다면 어린애는 자지러지게 울 것이다.
  어린애가 크게 오래 울면, 이 동물은 우는 어린애에게 적대감을 보일 수 있다. 어린애가 우는 것을 개가, "아이가 저를 공격한 것"으로 받아들이면 개가 그냥 있겠는가? 그러면 큰일!
  현대 애완동물 관점으로 이전 속신어를 대하지 말라. 그때 속신어는 육아교과서요, 진리였다.

## 35

# 어린애의 습성과 사고와 보호 사례
## (사전 풀이에 추가)

부탁하는 말

이 속신어사전에는 육아 속신과 아이의 교육에 대하여 자료가 매우 많다.

속신어에서 그 자료를 종합하고, 실제로 육아의 사례와 경험을 합쳐 한 권의 육아 교과서(분량은 적지만) 삼아 제시하여 본다. 이것은 속신어를 통한 육아育兒 지식임을 말해둔다.

그런데, 육아나 소아小兒의 심신心身 건강에 관한 학계學界에서는, 또는 자식을 길러본 경험이 있는 사람은, 내가 여기서 전부터 전해오는 속신어에 나의 육아 경험을 곁들인 이 글과 달리할 수 있겠다. 그러나 예나 이제나, 어디서나 어린애는 다 같고, 보호자인 어른인 부모나 가족도 육아의 책임은 다 같다는 점에서 달리로만 보지 말 일이다. 육아에 자기 고집 말고 개방開放을!

어린애를 키울 때, "그 순간이 일생을 좌우한다."를 명심하라. 꼭 명심하라! 적어도 육아 속신어는 경험과 상식과 안전과 사랑을 바탕으로 한다는 것들인지라, 참고하기를 바란다.

### 어린애의 습성과 사고事故와 보호保護 사례

(1) 올라가는 것(기거나, 걸음마하거나, 제법 걸을 때, 호기심이 발동할 때, 동무끼리 놀 때…)
- 어린애들은 몸을 자유롭게 움직이면 그때부터 무엇이든 높은 데에 올라가려고 한다. 밥상은 어린애가 처음 만나는 높은 곳이다. 기를 쓰고 오르려고 한다. 그러므로 어른은 어린애가 밥상에 오르지 않도록 단단히 대비하고, 일러 주어야 한다.
- 밥상에 음식이 있다면, 뜨겁고, 차고, 짜고, 맵고, 신 것이 어린애에게 쏟아질 것이다.
- 밥상다리가 부러지면 상에 오른 어린애는 다친다.
- 밥상에서 떨어지면 낙상落傷한다.
- 책장이나 사닥다리나 계단도 어린애가 오르려고 하니, 어른은 각별히 조심하라.

(2) 입에 넣은 것
- 어린애는 눈이 띄는 것은 아무것이나 닥치는 대로 입에 집어넣는다. 반지, 단추, 동전, 작은 나사못, 작은 전자제품, 작은 장난감, 작은 유리구슬, 문방구, 깎아놓은 연필, 고무 등을 치워 두어

야 한다.

입에 들어간 것을 삼키면 큰일, 삼키다가 목에 걸려도 큰일이 난다. 예방豫防이 제일이다. 물론!

(3) 만지는 것
- 어린애는 무엇이든지 손으로 덮치고, 잡고, 잡아당기고, 발로 차고, 손으로 때리고, 목에 걸고, 얼굴에 무엇을 뒤집어쓰고, 구멍에 넣으려고 한다.
- 어린애는 만지려고 마음을 먹은 것을 기어이 가지려고 기거나, 걸어서 간다.
- 그러므로 튀어나온 쇠붙이는 무조건 치워라.
- 화로도 위험하고, 물이 끓는 솥도, 냄비도, 주전자도 위험하고, 뜨거운 물도 위험하다.
- 다리미(이전 숯대리미든 지금 전기대리미든. 뜨겁든 차든)도 위험하기는 말할 것이 없다.
- 칼, 낫, 송곳, 가위, 바늘, 작업공구作業工具, 연장 등 쇠붙이를 치워라.
- 낮은 곳에 어항을 두지 말라. 낮은 상 위에도 어항이나 물그릇, 약그릇을 두지 말라.
- 전기제품을 스위치나 단추(보턴) 등 어린이 손이 안 닿은 곳에 두어라. 어린애는 소케트에 꽂혀있는 전선을 잡아당긴다. 침이 묻은 손으로 전선을 만질 수도 있다.
- 선풍기도 손이 안 닿게 하라. 날개가 돌아가는 선풍기를 잡고

일어선다면 큰일이다.
- 무거운 것, 쓰러지기 쉬운 것을 벽에 세워두지 말라. 넘어지면 어린애는 큰일이다.
- 유리그릇은 낮은 곳, 방바닥에 두지 말라. 흔들어 넘어뜨리거나 만져서 깬다.
- 약병, 농약병, 세제洗劑. 자극성 액체(술. 커피 등 음료수병)가 든 병이나 잔(컵)은 창고에 두고, 문을 꼭 닫아두라.
- 크고 작은 공도 가까이 두지 말라. 어린애가 좀 크면 공을 가지고 노는데, 공이 굴러가면 어린애는 정신없이 공을 잡으러 달려간다. 좌우를 안 본다. 그때 정말 위험하다.(실화: 택시기사의 말: 동네 골목을 가기가 싫어한다. 골목에서 공이 튀어나오면 즉시 아이가 막 튀어나오는데 정말 아찔, 위험하다).

(4) 들어가는 것

- 어린애는 구멍이 있으면 들어가려고 하고, 문(방문房門), 냉장고문, 금고金庫문, 장롱문 이 다 열려있으면, 조금 열려있으면 열고라도 들어가려고 한다. 문을 꼭 닫아두라.
- 어린애는 문 안에 들어갈 줄은 알지만 문을 열 줄을 몰라, 큰일이 난다. 잘못하면, 어린애가 안에 있는데 저절로 '찰칵!' 하고 문이 닫히기도 한다. 어른도 당황하면 문을 못 연다. 큰일!
- 항상 쓰는 침대나 장롱이나 두 벽 틈이나, 서랍 같은 것 틈새에 들어가서 나오지 못한다면... 밥상다리가 벌어진 곳에 아이의 손발이 낄 수 있다. 무엇이든 벌어진 곳을 막아라.

▸ 참고: 미국 소설가 오 헨리의 단편소설 '회개悔改'에 나온 한 대목.

〈금고문이 열려있어서 금고 안에 들어간 아이가 금고문이 닫혀 위기에 있을 때, 숨어지내는 금고문을 여는 도둑이 마침 현장에 있다가 그 금고문을 열고 갇힌 아이를 살려준다.〉

나는 아이를 키우면서, 이것은 소설에만 있는 일이 아니라는 것을 절감切感하였다.

(5) 봉지, 금속, 전기 등

- ▸ 어린애가 방에 있는 모든 것, 밥상까지도 위험물이라는 것을 어른은 알 일이다
- ▸ 방안에 있는 아이의 손이 닿을 곳에 있는 바늘, 칼, 가위, 송곳, 못 같은 뾰쪽한 것, 유리제품 등도 위험하다.
- ▸ 봉지(종이봉지나 비닐봉지든)도 위험하다.

어린애가 그 봉지를 뒤집어 쓸 수 있다. 어린 형제끼리나, 어린애 여럿이 한 방에 있으면 호기심과 장난으로 갑어린애가 을어린애를 봉지를 씌울 수 있다. 질식해서 큰일이 난다.

- ▸ 목걸이나 끈도 위험하다. 목에 걸고 잡아다닌다. 어린애가 비명을 질러도 재미로 안다면...
- ▸ 지금은 냉장고나, 세탁기나, 캐비넷이나, 금고金庫나, 싱크대(칼 여러 종류나 그릇이 있다)나, 밥통이나, 선풍기(돌아가는 것)나, 전기난로(뜨거운 것)나, 전기주전자(전기꽃) 같은 가전제품도 위험하다. 그것이 어린애 손에 닿아 넘어지거나 문이 열리거나, 어린애가 찔릴지 미끄러질지 잘 보라. 또 전기꽃이에 꽂혀

있는 전선電線이나, 소케트는 감전感電 위험이 있는지.

참고: 이 어린이 전기사고(치명적致命的이다)는 이전 속신어에는 없던 것이나, 신식 현대 육아속신어로 나온 것이다.

언제 어디서나 좋은 육아를 통하여 어린애는 안전해야 하기 때문이다.

(6) 방밖에서, 외출外出할 때 안전(어린애가 방밖을 걸어다닐 때)
- 우물을 덮거나, 우물 둘레를 담으로 두르고, 가축이 있는 축사畜舍에 차단 장치를 하고, 연장을 둔 창고에 접근을 못하게 하고, 개나 고양이 같은 순한 동물도 때로는 맹수猛獸가 되는 것을 알고(먹을 때, 새끼를 낳을 때, 새끼를 기를때, 잘 때), 가까이 가거나 만지면 사정없이 문다는 것을 알라. 그것을 대비하라.
- (방안) 곤충이나 쥐나 뱀이나 벌이나 나방 같은 것이 나오지 않도록, 방에 이런 것이 들어오지 않도록 창문, 방문을 닫아두고, 방충망을 치고, 구멍을 막고, 방비할 약이나 막대기를 두라. 밖에 기른 강아지나 고양이(야생개나 야생고양이도) 어린애가 있는 방안에 들어올 수도…
- (방밖) 마당이나 길 같은 바깥에서 곤충, 지네, 쥐, 뱀(뱀침노를 막는 담배, 백반을 준비), 개구리 등이 나올지 모르니 방어하라.
- (야외. 산속. 되도록 데려가지 말라) 집밖에 먼 곳에 나가 물가나 숲에서 닭고기를 오래 두거나, 먹고 난 것을 근처에 버리면 지네가 몰려온다. 단 것을 보고 개미도 온다. 명심하라.
- 어른은 짐승고기를 먹고 아이를 데리고 산에 가지 말라. 맹수

가 냄새를 맡고 달려온다(이전에 흔했다).
- 어른이 아이를 데리고 산소나 산에 갈 때, 어른이 화장化粧(몸꾸미기)을 하고 가고, 꽃을 들고 가면 벌과 나비와 나방이(밤에)가 냄새(향기, 단내)를 맡고 온다.
- 아무데나 아이를 데리고 앉지 말라. 캠핑천막을 치지 말라. 벌레, 지네, 큰벌, 땡비가 근처에 있는지 보라.
- 마당이나 길에 솟은 돌부리나 꺼진 땅이나, 물 같은 것이 고인 곳을 손보아야 한다. 백사장에서 유리조각 조심!
- 냇물가에 질척한 곳, 무른 곳, 시궁창 같은 것은 미리 없애거나, 접근 방지 시설을 하라. 어린애가 미끄러져 빠지지 않게 하라.
- (사람 많은 곳) 되도록 어린애를 사람이 많은 밖에 데리고 가지 말라(예식장, 놀이터, 장터, 시장, 거리, 골목, 역驛, 백화점, 식당거리, 공사장工事場, 냇물가, 바닷가, 바람이 세게 부는 곳 등...) 꼭 보호자가 곁에 있어야 한다. 순간적으로 어린애가 다칠 수 있고, 어린애를 잃을 수 있다. 많은 사람에게서, 나쁜 환경에서, 충격이 오고, 병균이 전염될 수 있다.
- 집밖에는 천둥벼락도 있다. 안전사고는 어른에게는 별것이 아니지만, 어린애에게는 심각한 재앙이 된다.

# 36

## 육아에서 안전 제일을 점검點檢함이 진리眞理

위에서 육아育兒를 할 때 일어날 수 있는 위험한 것들을 대충 정리하였다.

더 조심할 것도 있는데, 어른이 정신을 차려 어린애를 보고, 어린애가 있는 주변환경을 잘 보면 '조심할 것'이 눈에 띈다. 어린애를 길러본 사람은 위험한 것을 잘 찾아낸다.

이제 부모나 어른의 할 일과 책임을 말해 보자.

1. 어린애 안전이 제일. 어린애 위험에 대한 대비가 진리眞理

(1) 진리의 정의: 진리는 언제 어디서나 누구에게나 변함이 없는 것이다.

그렇다면 성인 남녀가 혼인하여(특정 종교나, 자기만의 신념이 있어서, 무슨 혼인을 못할 어려움이 있어서 혼인을 안한 경우는 해당 없다),

임신하고, 출산하고, 낳은 아이를 안전하게 기르고, 교육하고, 자립自立하도록 만들고, 그래서 혈통을 대대를 이어가고 문화를 존속存續하고, 국가와 사회와 인류가 지구상에 살아가고...

이것이 언제 어디서 누구에게나 변함이 없는 권리며 의무이므로 바로 진리이다.

구체적으로 '좋은 육아育兒'가 진리다. 우리 속신어는 좋은 육아를 수없이 말하므로 속신어는 진리의 집합체集合體라고 볼 수 있다.

'나쁜 육아'가 있다면, 어린이에게 사고를 입히면 그것은 진리가 아니다. 부모가 실수하여 자기 자식을 장애를 입힌 것이, 해를 끼치는 것이, 심지어 생명을 잃게 하는 것이 온당할까?

천만에, 그것은 부모 도리도 아니고, 진리의 실천도 아니다. 세상을 사는 낙樂도 아니다. 다 큰 사람으로 큰 실수다!


(2) 나쁜 육아는 안된다.

부모의 실수와 방심으로 어린애에게 이런 나쁜 일이 생긴다면...

어린애가 출혈出血한다. 물에 빠진다. 화상火傷을 입는다. 낙상落傷을 한다. 감전感電사고를 만난다. 자상刺傷, 곧 찔리거나 벤다. 찰과상擦過傷을 입는다. 뼈에 탈골奪骨, 위골違骨, 절골折骨이 생긴다. 수족을 절단한다. 두뇌 손상을 입는다. 이목구비耳目口鼻에 손상損傷이 생긴다. 반신불수半身不隨가 된다. 입이 돌아가는 구안와사증이 생긴다. 공포에 빠져 정신 이상이 생긴다. 말을 어눌語訥하게 만든다. 우둔愚鈍해진다. 병 치료를 제대에 제대로 못하였다. 별안간 발병發病하거나 이상한 짓을 한다. 울어대는데 이유를 모른다. 잠만 잔다. 잘 먹지 않는다. 짐승에게 물린다. 할퀸다. 벌에 쏘인다. 벌레에 물린다. 나방 가루가 눈에 들어간다. 병의 후유증後遺症이 생긴다. 짐승에게 당한다. 교통사고가 난다. 입원한다. 천둥벼락에 얼이 빠진다. 장애를 입고 불구가 된다. 어린애를 잃는다(미아迷兒). 불행하게도 자식이 죽는다.

이런 일이 어린애에 생기는 순간. 그 가정은, 부모는 더 이상 말을 못하겠다.
제발 이런 사태가 생기지 않도록, 막고 공부하고 대비하라.
이런 일은 부모나 보호자가 제대로 구실을 못한 탓이다.
인생을 살면서 다른 실수는 복구가 되지만 부모로서, 어른으로서 자식에 대한 것, 어린애에 대한 실수는 복구도 어렵고, "부모 노릇을 못하여 자식을 망쳐놓았다. 자식에게 불행을 안겨 주었다."는 죄책감罪責感에 평생 시달린다. 육아育兒 실수는 다른데 실수보다 백배나 무섭다.

(3) 우리 선조는 "후회後悔 없는 육아, 좋은 육아"를 속신어로 많이 남겼다.
이 글을 쓰는 나도, 우리 부모도 아이를 길러 보아서 '현대인으로 좋은 육아'를 '현대육아 속신어'로 남기고 싶다.

(4) 어떤 사람은, "이런 것들을 챙기지 않고도 자식을 잘만 길렀

다."고 할 사람이 있을 것이다. 과거가 안심이라고, 현재나 미래도 안심일까 보냐? 우물가에 우리 아기가 있다고 보라.

부탁하노니, 다시는 그런 말을 말라.

남의 자식, 우리 손자, 다 돌볼 귀한 생명들이다. 미래 국민이다.

잘 자란 당신의 자식을 둔 그것은 행운이 따른 것이다. 정말 운이 좋았다. 그렇지 않는가? 위험한 고비고비를 잘 넘겼으니까.

부모라면 그 잘 큰 자식을 고마워하여야 한다. "애야. 잘 커 주어서 고맙다!"고 하라. 하라!

(5) 어제 안전하다고 오늘 안전하다는 보장도 없고, 오늘 안전하다고 내일 안전하다는 장담도 못한다.

사람에게 사고는 시도 때도 없이 언제나 일어난다. 날받아놓고 사고가 나는 일은 전혀 없다.

공사장工事場을 가보라. "안전제일! 안전제일!", 이것만 있다. 정말로 어린애를 둔 부모, 어른은 "어린애 안전제일! 어린애 안전제일!", 이것만 있게 하라.

(6) 어떤 사람은 이런 것을 챙기지 않아서 자식이 불행해지는 일이 생겨 거의 울고 산다.

나쁜 유전遺傳 인자因子로 부실한 자식을 두는 것도 안타까운데, 온전한 자식을 부모가 실수하여 부실한 자식을 만들었다면 어떤 변명과 핑계를 할까? 아예 변명과 핑계는 없다!

(7) 그래서 육아 속신어는, 육아 교훈은 많을수록 좋다. 많이 알고 있을수록 좋다. 많이 실천할 수 있을수록 좋다.

노파심老婆心이라고, 잔소리라고, 너무 세세히 들춘다고 하지 말라.

자식을 키울 때 조심할 것 중에는 세세細細하고 소소小小한 것은 없다. 다 중重하고 대大한 것이다.

골백번 '좋은 육아'를 말한 것은 진리眞理다. 부모로서, 어른으로서 자식을 안전하게 잘 기르는 것 말고 무슨 진리가 따로 있다는 말인가?

(8) 이전에 자식을 많이 낳아 길러본 선인先人이 남긴 수많은 육아 속신어를 풀이하다가 보니까 다 진리였다. 육아 속신어는 어린애와 어머니와 아버지와 가족 모두에게 중대하다.

그 육아 속신어 중 안 좋은 것에 우리 아이가 해당이 없는 것이 다행이고, 하늘이 돕고, 가정을 행복을... 새삼 깨달았다.

내 자식이지만 정말 사고 없이, 안전하게 몸과 마음이 건강하게 커주어서 감사하라.

자식도 그렇게 자기가 클 때 보호하여 준 부모에게 감사하라. 감사는 자기 몸 조심이다!

"이것은 어릴 적 까마득한 옛날이야기"라고 하지 말라. 그런 당신도 곧 어린애 부모가 된다.

# 만물유정萬物有情: 홍수洪水의 예를 들어서

　나는 만 개가 넘는 속신어를 형식면과 내용면을 8가지로 나누어 하나하나 해석을 하여 갔는데, 워낙 속신어 대상이 무제한으로 많아서 다 시원하게 해석하기가 어려웠다.

　해석이 난해難解한 속신어를 만나면 위 8가지 중 '만물유정萬物有情' 개념을 활용하였다.

　만물유정은, "세상 모든 것은 다 사람 같이 희로애락喜怒哀樂 같은 감정感情이 있다."는 생각하는 것이다. 어떤 사람은 이것을 "정령주의精靈主義, 애니미즘"이라고 하지만, 이름이야 어떠하든, 속신어를 물려준 우리 조상처럼, 넓혀서 인류의 선조처럼 생각의 폭을 무한히 넓히는 인문과학적 사고이다.

　"만물萬物은 유정有情이다. 만물유정!"

　이런 생각을 하고 어렵다는 속신어를 대하니까 많이 풀렸다.

이 '만물유정' 생각(사고思考, 발상發想, 착상着想)은 '홍수洪水(flood, deluge)'를 대상으로 논문을 쓸 때 생각한 것이다.

나는 박사논문에 "한국의 홍수설화"를 한 분야로 다루었다.

"사람이 홍수를 어떻게 보느냐?"

이것이 중요하다. 홍수라면 구약성경에 나오는 '노아 홍수'가 대표인데, 사실 우리나라는 물론 세계 각국에 노아 홍수 같은 홍수 설화가 거의 다 있다. 노아홍수 같은 우리나리 홍수설화를 나는 "고리봉형形 홍수 설화"라고 작명하였다.

대홍수가 났을 때 배를 타고 살아난 사람이 산꼭대기(봉峰)에 배고리를 걸었다는 전설(우리나라에 수백 군데가 있다. 고리봉은 우리 고향 앞산 이름)을 근거로 하였다.

그러므로 홍수는 인류의 재난災難을 대표하는 것이고, 언제 어디서나 홍수는 인류의 주된 관심사關心事이다. 그러면,

"인류, 인간에게 홍수가 무엇이냐? 어떻게 받아들이고, 어떻게 홍수에서 살아나느냐?"

이것이 인류의 생명과 문화의 사활死活을 거는 홍수를 대하는 인류의 태도요 관점이다.

### 홍수를 보는 눈, 홍수의 원인

1. 홍수의 발생: 자연과학적 관점과 사고

1) 정의: 자연현상이다. 자연自然이 인간을 공격攻擊한 재난災難이다. 대량의 물이 지구, 그 지역을 공격한 재난이다. 인간이 큰 피해

를 입는다.

2) 대책: 홍수라는 재난을

(1) 사전事前에 예측하고, 예방하고,

(2) 재난 중인 홍수가 났으면 살기 위한 대책을 세우고, 살아남고,

(3) 홍수 이후 사후事後는 빨리 완전하게 복구復舊를 한다.

다시 홍수로 인한 피해가 없도록 개인이나 지역민이나 생존生存 차원에서 대대적으로 홍수 대비 작업을 한다. "또 물난리가 났다"는 말이 나오지 않도록.


2. 홍수의 발생: 인문과학적 관점과 사고

1) 정의: 홍수는 인간이 잘못하여 신神(자연의 다른 이름)이 분노하여 징계懲戒한 것이다. 인간이 간악奸惡하고, 인지人智가 있다고 자연에 오만傲慢하여, 자연이 복수한 것,

이것이 인간人間이 주는, 인간이 자초自招한 자업자득自業自得한 재난 곧, 이런 인재人災다.


유비무환有備無患을 안하고 무비유환無備有患한 것, 무차별 자연 파손, 인명경시人命輕視, 재난경시災難輕視, 자신만만自信滿滿, 사욕열심私慾熱心. 과거무지過去無知, 우유부단優柔不斷, 연기천연延期遷延(미루기), 정비부족整備不足, 부정부패不正腐敗(홍수를 대비할 돈을 사욕을 채우기), 범죄극성犯罪極盛(범죄가 들끓어 국력國力이 낭비. 홍수를 대비 못함), 통치무능統治無能, 예측망실豫測忘失(국가나 사회나 개인이 홍수를 모름) 등이다.

항상 있는 자연현상인 "물난리, 수재, 크게는 홍수洪水는 있다. 정신을 차려 대비하라"고 보라!

그런데도 홍수가 없는 듯, 물난리가 일어나지 않는 듯 여기면 사람은 얼마나 어리석은가? 단견短見인가? 동물도 비가 올 줄 알고 대비하는데, 사람이 어찌 대비하지 않으랴?

2) 대책:
(1) 인간의 잘못을 반성하고 대책을 세운다.
(2) 잘못된 인간(홍수를 불러올 악행을 하는 악인. 지나친 부귀색富貴色에 몰두한 자. 비도덕적 행위가 당연시當然視한 사회)은 벌을 주어 제거除去해버려 새로운 좋은 세상을 만든다. 홍수가 아니라도 그런 국가나 사회나 지역은 망하고 죽으므로 인간이 기회가 있을 때 스스로 정화淨化, 자정自淨, 자숙自肅, 자결自決하여야 한다. 지도자는 각성覺醒하고 그 회복할 기회를 활용하라. 신이나 자연은 인간회복을 기다린다.
(3) 인간이 스스로 정화하지 않고, 여전히 잘못을 저지르면 신이 그런 인간에게 노하여 홍수를 주어 반드시 징벌한다. 지구세례地球洗禮나 지역정결地域淨潔다. 그 개념槪念이다.
(4) 신은 극소수 선인善人은 남겨 인간을 존속한다.
(5) 위를 보면서 죄를 짓지 말아야 한다. 항상 정화淨化해야 한다. 생존자는 후손에게 이런 '홍수교육'을 해야 한다.

3. 홍수가 주는 3가지 문제
1) 홍수 이후에도 어떻게든 인류, 그 고장 사람은 일부라도 살아남

는다.

(1) 인간의 존속, 인류의 계승, 성욕性慾 해결, 종족본능種族本能 해결.

(2) 임신姙娠하고 생산生產할 수 있는 가임可姙할 성년成年 남자와 여자가 살아남는다.


2) 홍수 이후에도 어떻게든 먹고 살 생계生計가 있어야 한다.

(1) 씨앗 보전保全, 농업 전승, 생명 전승, 식욕食慾해결, 개체본능個體本能 해결.

[보충설명]

(2) 홍수에도 공중을 날아다니며 살아남은 새(조鳥)의 밥통에 씨앗이 들어간다.

(3) 그래서 홍수 설화에는 새가 꼭 나온다. 여러 가지 모습으로.

(4) 홍수 이후, 홍수 같은 재난이 또 닥칠 것을 대비하여 새를 뜻하는 조각, 장식. 건물을 마을 입구에 만들어 둔다. 우리나라의 진대(솟대)에 새, 오리 조각이 위에 있다.


3) 어떻게든 그동안 쌓아 전승한 문화文化와 문명文明을 전승한다.

그 문화와 문명을 뜻하는 불(화火, 연기, 불 피우기)을 홍수 이후에도 가져간다.

떡시루(농업, 식량, 요리, 식기, 필수품...)를 머리에 이고 산에 오른다. 배(선船, 구명救命기구, 장거리 이동기구)를 탄다. 배를 만드는 기술이 전승 전승한다.

## 4. 결론

1) 홍수, 물은 첫째로 무서운 자연현상으로 보고(자연과학적 사고), 둘째로 사람으로 보고, 신神으로 보고, 악마惡魔로 보라(인문과학적 사고)는 말이다.

요컨대, 홍수로 피해를 입지 않으려면 "만물유정, 홍수유정洪水有情" 사고를 가져야 한다.

2) 마찬가지로 인류에게 닥친 어떤 재난도 자연과학적 관점과 인문과학적 관점, 둘 다 보아야 바른 성공을 한다고 본다.

3) 속신어는 일찍 재난에 대한 이 두 관점을 보였다. 그 관점을 나는 '만물유정'으로 해석하였다.

# 38

# 만물은 희로애락 喜怒哀樂이 있다.

(1) 인생(사람)이 사는데 행복과 불행을 주는 것은 세상 만물이다.
산천초목山川草木, 동물動物, 식물植物, 무생물無生物, 비인간적 존재인 귀신과 신령神靈, 기후氣候, 풍토風土, 천체天體, 극히 작은 세균細菌 등 만물과 삼라만상森羅萬象은 좋든 나쁘든 사람에게 영향을 준다.

(2) 사람은 이왕이면 그것들에게서 좋은 영향을 받도록 공부하고, 대응하고, 대비하려면 만물에 관심을 갖고(유정有情. 긍정적 사고) 대하여야 한다.

예를 들어보자.

- '물, 비, 홍수…'는 자연自然의 하나이다(자연과학적 사고)로 볼 수도 있고, 물은 희로喜怒와 애락哀樂이 있는 사람이요, 좋은 신神(水의 神)이요, 나쁜 마귀魔鬼(水의 魔. 사실은 사람이 물조심

- 을 안한 것)라고 볼 수 있다(인문과학적 사고).
- 불도 인간이요, 화신火神이요, 화마火魔(사실은 사람이 불조심을 안한 것)다.
- 나무도 인간이요, 좋은 목신木神요, 해를 끼치는 나쁜 목신(사실은 사람 탓)이다.
- 가뭄도 그런데, 자연현상이기도 하고, 사람이 잘못하여 하늘이 준 벌이다(국가지도자는 근신勤愼하였다).

물이 수마水磨가 되고, 불이 화마火魔가 되고, 가뭄이 한발旱魃이나 강철强鐵(꽝철)은 경우를 생각하면, 사람은 물과 불과 가뭄을 그저 자연현상으로 보지 않고, "대자연 앞에 인간이 착해야 한다. 근신勤愼해야 한다. 인간답게 살아야 한다. 공부해야 한다. 겸손해야 한다. 준비하고 있어야 한다. 자연을 우습게 보지 말라."는 훈계訓戒를 얻어야 한다.

속신어는 이 훈계와 교훈을 중시하여야 한다고 한다.

어떤 대상을 놓고 이것은 자연현상이니, 무생물이니 감각이 없다는 자연과학적 사고로 대하여서는 속신어 해석이 충분하지 않고, 안된다.

이것(자연, 만물, 삼라만상)은 희로애락喜怒哀樂 같은 감정이 있는 사람이고, 좋은 나쁘든 큰 힘을 보이는 신神(선신善神, 악신惡神)이라는 인문과학적 사고와, 신앙적 사고로 대하여야만이 제대로 보고, 충분히 해석할 수 있다.

사람만이 감정이 있는데, 사람이 아닌 것도 감정이 있다고 보면 만물유정이요, 이 사고思考가 속신어 해석의 한 열쇠라는 말이다.

(3) 하늘의 별도 사람이고, 산山도 사람이고, 나무도 사람이다. 물도 사람이다.

[실험 1] "산비탈"이 하는 말을 들어보라.

"왜 여기 있는 나무를 베고, 근처에 함부로 길을 내는가? 여름에 큰비가 오면 산사태가 날 것인데..."

[실험 2] "냇물이나 보, 저수지"가 한 말을 들어보라.

"왜 근래에서 물관리를 안하고, 하천바닥을 준설浚渫하지 않고, 제방 둑을 점검하지 않는가? 방치放置하는가? 없애려는가? 냇물가에, 산계곡에 집을 짓고 장사만 하는가? 그냥 두는가?

다리(교각橋脚)에, 큰물에 나서 상류에서 떠내려온 나무가 걸리면 물이 안 내려가서 다리 근처, 마을까지 저수지가 갑자기 될 것인데 (1961년 7월 우리 고장에서 난 물사고)... 왜 물을 무서워하지 않는가? 다리에 가서 물길을 확인하지 않는가?"

[실험 3] 내가 학생들에게 왕릉王陵에 가서 "나무 안기" 실습을 한 일이 있다. 나는 말하였다.

"사람이, 너희가 큰 나무를 끌어안고, 귀를 나무에 대고, 눈을 감고, 이삼 분을 그냥 그대로 있으면서, 나무에서 나는 소리를 듣고, 나무가 무슨 말을 하는지를 통역하여 보라. 나무도 진동振動이 있고, 파동波動이 있고, 동작이 있고, 반응反應이 있고, 부는 사람과 대화하고, 옆에 서 있는 나무와 대화를 한다. 너희는 그 나무에 말해 보라.

〈내 친구야. 내 아들아. 나의 벗아! 고맙다. 춘하추동... 왕릉을 지켜 역사歷史를 보전保全하여 감사하다.〉고 하라.

육림가育林家가 하듯이 나무에게 정다운 말을 하라.

그리고 나무가 어떤 반응인지 들어 보라. 나중에 각자 나무가 한 말을 들려다오.

학생이 감동을 받았다.

(4) 계속: 불도 사람이고, 객지에서 죽은 사람도 사람이고, 집안에서 죽은 시체도 사람이고, 개도 사람이고, 호랑이도 사람이고, 지게도 사람이고, 지게작대기도 사람이고, 부뚜막도 사람이고, 구들짱도 사람이고, 집안을 지키는 가택신家宅神도 사람이고, 질병이나 병귀신도 사람이고, 새도 사람이고, 용龍도 사람이고, 구름도 사람이고, 바람도 사람이고... 다 사람이다.

물론 다른 사람도 나처럼 희로애락이 있는 "내가 상대하는 분명한 사람, 삼라만상森羅萬象 이다. 그 삼라만상이 나 같은 희로애락이 있다면 어떤 말을 하고 어떤 행동을 하였을까?

나하고 삼라만상하고 서로 입장을 바꾸어서 역지사지易地思之로 생각하면 좋다고 할까? 나쁘다고 할까?

(5) 지게작대기가 한 말

"지게작대기를 태우면 육손이 아이를 낳는다"

는 속신어에서 지게작대기가 사람이라면,

"그동안 당신이 지게질을 할 때 도와주었는데, 나를 태워죽인다면, 배신이라, 나도 당신 아이에게 복수를 하겠다."고 할 것이다. 사람과 지게 작대기를 역지사지易地思之로 보면, "감사, 보답, 배신, 배은背恩, 망덕亡德, 복수..."가 이 속신에 들어있는 것을 찾아볼 수 있다는 말이다.

"지게작대기는 쓰지 못할 때가 되면, 나무로 땔감에 불과하니 때 버리자."고 생각하면, 이 속신어는 풀 수 없다. 지게작대기의 복수가 우리 아기가 육손이 되는 것이라면, 무슨 상관이 있는지, 수수께끼가 되지만, 역지사지로, 만물유정으로 보면 이 수수께끼는 풀린다.

나는 속신어를 해석할 때, "바로 삼라만상森羅萬象인 만물은 사람같이 희로애락의 감정이 있다, 줄여서 민물유정民物有情이다"고 하면 난문제難問題가 쉽게 풀린다는 것을 알고 적용하였다. 우리 조상은 만물을 다 인간대접을 하였구나!

(6) 그런 속신어 예를 보자.

- 고기를 잡을 때 바다엔 떠 있는 시체를 보면 정중히 모신다. 그러면 후환後患이 없고 풍어豊漁를 한다 - 바다에 뜬 시체도 사람이다.
- 객사客死한 시신屍身은 집에 들여놓지 않는다 - 가택신家宅神(성주신)도 사람이다.
- 갓난 토끼 곁에서 쌍말을 하지 말라(제주도 속신어) - 토끼도 사람이다.

- 오이 밭에서 손가락질하면 오이 맛이 쓰다. 오이가 다 떨어진다 – 오이도 사람이다.
- 강아지나 닭에게 고추장은 먹이지 말라 – 강아지나 닭도 사람이다.
- 부지깽이니 지게작대기를 태우지 말라 – 부지깽이나 지게작대기도 사람이다.

# 개는 다 알고 있다.

(1) 아래 속신어를 보라.

"기르고 있는 개나 소 앞에서 잡아먹는다는 말을 하지 말라. 그들은 다 듣고 있다"

사람과 같이 사는 개나 소 같은 짐승은 사람의 말을 다 알아듣는다. 다 경험한 바이다. 사람은 말을 하지 않았는데도 개는 주인의 눈치를 보고 다 안다.

속담에, "개는 안주인을 따르고, 소는 바깥주인을 따른다"에서 보듯이, 자기를 먹여주고 귀여워하는 사람에게 가축은 정을 준다.

그런데, 낯선 사람에게 개가 짖는데, 이것은 자기와 아무런 상관이 없기 때문이다.

(2) 실화: 개는 알고 있다.

오래 전에 강원도 화천군 사내면 광덕 4리 사태골 산골에서, 김씨가 한쪽에 자기는 작은 집에 살며, 그 옆에 큰 집짓기 공사를 하고 있었다. 서울에서 온 일꾼들이 열심히 일을 하였다.

김씨네 가족이 식당에서 밥을 해 일꾼에게 먹는데 잔반殘飯이 나오니까 개가 있으면 먹일 만하였다.

하루는 김씨의 친구 이씨가 개 한 마리를 가지고 와서 김씨와 일꾼에게 주었다.

"지금은 잔반으로 이 개를 키우게. 이 집 공사가 끝나면, 이 개를 잡아서 그동안 수고한 일꾼들을 몸보신을 시키게."고 하였다. 개가 듣는 데서.

일꾼들은 웃으면서 개보고, "한 달 후면 너를 된장 바르겠다."고 하였다. 된장을 바른다는 말은 너를 잡아먹겠다는 말이다. 은어隱語처럼 보통 사람은 잘 못 알아듣는다.

개는 알아들었는지. 그 날 저녁 그 개는 사라졌다. 그런데, 놀랍게도 그 개는 밤이면 어디서 왔는지 모르나 몰래 부엌에 와서 잔반을 먹고 "동쪽산"으로 갔다.

주인인 김씨는, 개가 동쪽으로 도망가서 동쪽산에서 살면서 자기 집에 밤에 먹으러 오는 줄을 알고 있었지만, 일꾼들은 몰랐고, 김씨는 이것을 말하지 않았고. 개는 그저 '도망간 잊혀진 개'가 되고 말았다. 일꾼들은 개를 못 찾고, 얼마 후에 공사가 끝나자 다 가버렸다.

김씨는 새로 지은 집에 살면서 개가 밤에 와서 몰래 먹을 수 있도록 집 뒤쪽에 한쪽에 먹을 것을 갖다 주었다.

김씨가 하루는 "서쪽산"으로 갔다.

거기, 집에서 멀지 않는 곳에 여름에 비와 바람에 뿌리째 뽑혀 누워 있는 큰 나무가 있었다.

"나는 집짓기 공사에 바빠서 이 나무가 쓰러진 것도 모르고 있었군." 하고 가까이 가 보니, 별안간 어디서 왔는지 개가 마구 짖었다. 바로, 그 동쪽산으로 간 그 개가 그동안 서쪽산에서 새끼를 세 마리를 낳아 그 쓰러진 나무뿌리 사이 공간을 집을 삼아 기르고 있다가, 김씨가 오니까 완강히 거부한 것이다.

그도 그럴 것이 개는 김씨를 '된장을 바를 그 악당'이라고 보고, 지금 그 악당이 여전히 악한 짓을 하러 왔다고 본 것이다. 김씨는 개 식구가 걱정이 되고, 미안하였다. 비도 많이 왔는데 어찌 새끼를 낳고 살았을까?

그런 악조건에서 살아온 개 식구 4마리가 불쌍하였다. 그러다가 김씨는 놀랬다.

"아니, 너. 동쪽산에서 와서, 밤에 식당에 찾아 밥을 먹고 동쪽산으로 갔지 않았느냐? 나는 네가 우리 집 짓는 데를 떠나 동쪽산에 가서 살고 있는 줄 알았는데, 그 동안 이 서쪽산에서 자식 셋을 낳고 살았구나. 미안하다. 자, 우리 집으로 가자. 잘 먹여 주마."

개에게 그리 말하고 같이 가자고 하였으나, 어미개는 사납게 짖고 대들기만 하였다. 어미개는 김씨가 여전히 저를, 저의 식구를 다 잡아먹을 악한 짓을 하려고 꾀를 피우고 있다고 믿었다.

김씨는 개에게 말하였다.

"그래, 네가 나에게 그 오해를 할 만도 하다. 이제 오해를 풀어라.

이대로 가면 날은 추워진다. 곧 추위가 닥친다. 전에 내가 너에게 미안하였다. 이제 일꾼들은 다 가버렸다. 이제 너를 해칠 사람은 없다. 나도 착한 사람이 되련다. 우리 집으로 가서 겨울을 지내자. 애들(새끼를 말한 것)을 이 추운 데서 에미로서 살게 하려느냐?" 하고 다정하게 말하였다. 그래도 어미개는 막무가내로 반대하였다.

김씨는 하루는 어미개가 없을 때, 얼른 새끼 세 마리를 데리고 와서, 그 동안에 지어놓은 개집에 넣고 먹을 것을 주었다.

좀 있다가 어미개가 부리나케. 정말 불이 난 듯이 그 빠름이라니, 달려왔다. 자기 자식이 김씨 집에 잡혀온 것으로 알고.

김씨는 그 어미개도 새집에 들였다.

시간이 걸려 힘이 들었지만 공을 들여 김씨는 그 어미개와 화해和解를 하고 함께 살았다.

김씨가 나에게 새끼 셋의 이름을 지어달라고 하였다.

나는 삼국지 소설을 좋아하여 '유비劉備, 관우關羽, 장비張飛'라고 지어 주었다.

그 뒤 어미개는 나이가 들어 죽어 산에 묻고, 유비는 아는 사람이 가져가고, 장비는 이웃 집에 주고, 몸이 좀 약한 편인 관우는 김씨가 길렀다. 잘 컸다. 집도 잘 지키고 재롱도 떤다.

지금도 나는 김씨집에 가면 관우와 잘 논다.


(3) 교훈: 삼라만상森羅萬象에 잘 하라.

살아있는 짐승에게 잔인하고 몰인정한 말을 말 일이다. 이 속신어처럼.

어디 개뿐인가? 꽃도, 정자나무도, 호랑이도… 세상 만물도 다 사람 말을 듣고, 제 나름대로 생각하고, 대응對應한다. 물도 듣고 반응한다("물은 사랑을 원한다." 日本人 에모토 마사루江本勝 지음, 김현희 옮김, 대산출판사, 2004)

만물萬物 유정有情, 우리 선조는 만물유정이 있어서 여러 속신어를 만들어놓았다.

인지人智가 발달한 현대인은 만물유정에 대하여서, 다른 사람에 대하여서도 속신어를 만들어놓은 선조에게 배워야 한다.

'만물유정'을 달리 말하면, "만물을 사람으로 보고 입장을 바꾸어서 생각하라. 역지사지易地思之(易之思之)하면 생존生存과 생활生活을 잘 할 답쏨이 보인다."는 말이다.

(4) 교훈: 사람에게 잘 하라.

물론 사람(나 아닌 다른 사람)도 나같이 희로애락이 감정이 있다. 내가 좋아하면 남도 좋아하고, 내가 싫어하면 다른 사람도 싫어한다. 너무나 당연하다. 역지사지를 알라.

나무도, 물도, 개도 감정이 있다면 사람에게야 물어 무삼하리요?

그런데 산山에도 있는 감정이 사람에게는 없다고 본 엄청난 착각錯覺을 하여, "이 사람이 저 사람"을 무시하는 일, 마구 대하는 거친 일이 생긴다.

조상이 물려준 속신어로 보면 실로 어리석고, 인간 사이 갈등을 만드는 유해有害한 짓이다. 돌맹이도 파장波長, 파동波動이 있고, 물건도 감정이 있는데, 하물며 사람에게 감정이 없으랴? 그러므로 다른 사람도 유정有情이라 하고 선대善待하라.

속신어뿐 아니라, 세상 만사에 만물유정 정신으로 살면 사람이 착한 삶앎으로 잘 살 것이다.

이것을 "물아일체物我一體, 범아일체梵我一體라는 사람도 있는데... 나는 만물유정萬物有情으로, 역지사지易地思之로 정리하였다. 또 평등대화平等對話로. 그렇게 속신어를 풀었다. 어디 그것이 속신어뿐이랴? 다 그렇다.

## (40)

# "제비가 낮게 날면 비가 온다"는
## 경험전승經驗傳承

1. 이전에 조상은 이런 훌륭한 생각을 하였다.

"이런 약을 써서 병이 나았다(요법속신어). 이런 풍수를 알아서 부모를 명당에 모셨다(풍수속신어). 꿈 해몽을 잘하여 덕을 보았다(해몽속신어). 발을 떨면 복이 달아난다고 하여 발 떠는 것을 고쳤다(일반속신어). 그 경험한 좋은 것을….

1) 꼭 남에게도 알려주고, 공간적空間的, 수평적水平的 전파傳播 교육을 하자.
2) 꼭 다음 세대에도 알려주고, 시간적時間的, 수직적垂直的 전승傳承 교육을 하자.
3) 여러 사람, 온 국민, 온 인류가 언제든, 어디서든, 어떤 경우든 행복하게 살도록 하자.

이리하여 인류에게, 어느 나라, 민족이든 동서고금東西古今에 속신어俗信語가 있다.

"연기가 곧게 올라가면 날씨가 맑다."
"제비가 낮게 날면 비가 온다."
"여자가 밤에 휘파람을 불면 뱀이 들어온다."
"결혼 첫날밤에 촛불은 손으로 끈다. 촛불을 불어서 끄면 재수 없다."
"겨울에 춥지 않으면 병이 생긴다."

2. "제비가 낮게 날면 비가 온다"를 보자.
[지금 날이 무척 가물다. 비가 어서 좀, 아니 많이 왔으면 좋겠다. 언제 비가 오지? "아, 반가워라. 오늘은 제비가 낮게 나니 곧 비가 오겠구나. 어제는 개가 풀을 뜯어 먹어서 비가 올 줄 알았는데, 제비와 개를 보니 틀림없이 곧 비가 곧 오겠구나."]
경험이 많은 동네 어른이 이렇게 말한 이유는 무엇인가?
비가 오려면 사람은 잘 모르는데 공기 중에 습기가 찬다.
[어제] 그러면 풀잎에 습기가 엉켜서 이슬이 이전보다 많이 생긴다. 목이 마른 개가 풀잎에 있는 이슬(물기)을 핥아먹는다. 사람들은 "개가 풀을 뜯어 먹는다"고 한다.
[오늘] 공기 중에 습기가 차면, 모기나 나비 같은 작은 곤충들의 날개가 적셔져서 날개가 무거운지라, 높이 날지 못하고 땅이나 냇물과 강물 바로 위에 날고, 이런 먹이가 낮게 있으면 제비가 낮게 날아 그 곤충을 잡아먹는다. 사람들은 "제비가 낮게 날면 비가 온다"고 한다.

# 밤에 산길을 걸을 때 가슴을 드러낸 이유

[나는 김씨 집안의 막내딸과 혼인한 막내사위이다.

딸들의 나이 차이가 있어서, 맏딸과 혼인한 맏사위 동서同壻형님은 나보다 20살 정도 많고, 인생 경험이 매우 많았다. 형님은 막내처제와 사는 나를 무척 예뻐하였다.

이 형님은 충북 괴산군에 감물면 광전리 벌터에서 사는데, 아내가 먼저 세상을 떠서 혼자 살며 많은 자식을 거두고 농사를 짓고 살았다.

충북 중원군 이류면 탄용리 숯골에 처가가 있는데, 장모 혼자 살면서 농사를 짓고 있었다.

형님은 낮에는 자기 농사를 짓고, 저녁을 들고, 그날 밤에 산을 넘어 걸어서, 몇 십리 상거相距인데, 아침에 처갓집에 와서 아침을 들고, 하루 내내 처가 농사를 지어주고, 해가 질 무렵에 혼자 산길을 걸어 집으로 돌아갔다. 그런 산길걷기가 자주 있었다.

나는 그 용감하고 처가를 생각하는 형님에게 물었다.

"형님 무섭지 않아요? 그 산길 먼 곳인데 혼자 밤에 오고 가는 중에…"

"하하하. 무섭긴 하지. 그러나 가까이 사는 맏사위로서 장모님 일을 도와드려야 하는데… 무서운 것이 문제인가?"

형님은 자기 집과 처갓집이 몇 십리 떨어져있는데도 '가까이'라고 하였다.

"산길을 걸을 때는 웃옷의 앞을 터서, 옷고름이나 단추를 풀어서 앞가슴을 열어놓고. 가슴 살을 드러내고 바람을 쐬며 걷지. 위험을 이기려고 앞가슴을 열어놓고 걷는 것이네. 산중을 가다가 보면 산짐승을 만나네. 무섭지.

그보다 더 무서운 것은 사람이네. 산에서 사람을 만나는 것이 섬짓하고 사람을 만나는 것 같이 무서운 것은 없다네.

사람은 도대체 판단할 수가 없네. 산중에서 만난 사람이 좋은 사람인지 나쁜 사람인지, 나를 도와줄 사람인지 나를 해칠 사람인지, 더구나 밤에 만나면 더 모르네.

대개 나쁜 사람이지. 산도둑이거나, 빨치산(6·25 이후 산에 들어간 공산군 패잔병. 공비)이거나, 무슨 범죄를 저질러 산에 피신하고 있는 사람인지, 하여튼 산에서 만나는 사람은 경계警戒 1호네. 내가 미리 그런 사람이 앞에 있다는 것을 알고 피하면 살지만, 아무 준비도 없이 그런 사람을 맞닥뜨리면 나는 쥐도새도 모르게 당하네."

"아이구, 무서워라. 그런데 앞가슴 여는 것하고 무슨 상관입니까?"

앞가슴은 공기를 잘 받아들이네. 더운 공기, 찬 공기를... 가슴에 더운 공기, 바람이 불어오면, 가슴이 뜨겁지. 산짐승이 백 걸음 앞에 있으면 덥고 뜨거운 바람이 불어 나의 가슴에 와 닿지. 더운 것을 뜨겁다고 해야 실감이 나겠군.

짐승은 네 발로 걸으니까 낮은 높이의 앞, 땅, 발아래는 잘 보지. 냄새도 잘 맡고. 그러니까 나는 얼른 곁에 있는 큰 나무 위로 올라가지. 그러면 산짐승은 내가 있는 줄을 모르고 그냥 지나가지. 나는 한참 나무에 올라가 있다가 내려오지."

"찬 바람은요?"

"사람이 앞에 있으면, 앞에서 다가오면 찬바람이 일어나서 내 가슴을 차게 하지. 사람은 두 발로 걸으니까 키만큼 높이의 앞은 잘 보지. 나는 얼른 가던 길 아래, 밑에 가서 덤불 속이나 바위 밑에 숨지. 사람은 내가 아래에 있는 것을 모르고 지나가지."

"아. 형님은 대단하십니다. 그런데 그런 것을 어떻게 알았습니까?"

"우리 동네 어른들이 경험한 것이라고 말을 해주었지. 그러니까 먼 옛날 어떤 조상이 경험한 것이 동네어른에게 이어지고, 또 나에게 이어지고, 또 동생에게 이어진 것이네..."

"아, 그렇다면 나도 다음 세대에 전해주겠습니다. 정말 값진 경험이니, 꼭 전승을 해야지요."]

이상은 나의 경험담요, 속신의 전승 사연을 예를 들어 설명한 것이다. 내가 이런 속신어를 나만이 알고 있으면 죄를 짓는 것이라 나쁘므로, 공개하여 전승하여야 한다.

    다른 속신어도 같다. 이런 사연으로 속신어는 전승한 것이다. 어제 전통(속신어)이 오늘 전통이 된다면, 그 오늘 전통은 내일 전통도 이어져야 한다.

# 밤에 밖에서 누가 나를 부를 때

이 제목과 비슷한 속신어로 "밤에 밖에서 자기 이름을 부를 때 대답하면 도깨비가 잡아간다"가 있다. 여기서 "도깨비가 잡아간다"는 '고생한다. 죽는다'는 뜻이다.

밤에 밖에서 누가 나를 부르면 당장 대답하고 나가지 말고, 세 번 부르기까지 기다려야 하고, 네번째 부르면 비로소 대답을 해야 한다는 말이다.

(1) **침착하게 대응하라.**

첫 번째 누가 부르면, 나는 "잘 못 들었나?"하고 [확인],

두 번째 누가 부르면, 그 목소리를 듣고, 나는 "아는 사람 아무개군./ 처음 듣는 소리인데./ 귀신 같은데…" 하여 아는 사람인지 모르는 사람인지, 귀신인지 재빨리 알고 [식별識別],

세 번째 누가 부르면, 나는 "응, 이 밤 중에 나를 왜 찾아와서 불러? 내일 날이 밝을 때 불러도 되는데… 무슨 일이 났어? 혹시 나를 해치러 오는 것이 아니야? 하고 [판단],

찾아온 이유와 피해를 예상하고 대책을 세워야 한다.

그러는 중에 나나, 같이 있는 식구는 즉시, 옷을 입고, 방어용防禦用 물건을 챙기고, 여차하면 뒷문이나 지하도地下道나 집에 파둔 방공호防空壕로 숨을 준비를 한다(위험한 때는 만들어 둔다).

네 번째 누가 부르면 비로소 대답을 하고 나간다 [반응].


(2) 밖에서 부른다고 급히 나가면 사고를 만날 수 있다.

집에 편히 있거나 잠을 자던 사람은, 이런 심야 방문객深夜 訪問客을 맞을 아무런 준비나, 공격하면 방어할 준비가 전혀 없는 사람이다.

그런데 밖에서 누가 부른다고, 주섬주섬 옷을 입고, 비몽사몽非夢似夢간에 단번에, 후닥닥, 얼른 나가다가 보면, 나쁜 의도로 찾아온 사람에게 기습을 당하고, 또는 허겁지겁 나가다가 낮은 문 위에 머리를 찧거나, 치우지 않는 줄에 목이 걸리거나, 발아래에 있는 걸림돌에 넘어져서, 백발백중百發百中 화를 당한다.


(3) 경험담과 실화

일제 말기나(노무자나 징병이나 정신대를 모집하러), 육이오 전쟁 때나, 6·25 전후에 공비가 출몰出沒할 때나, 군경軍警이 이런 공비를 토벌할 때나(대개 토벌군을 돕는 일을 할 노무자나 지게꾼을 모으려), 시국時局이 뒤숭숭할 때나, 외진 곳에서 야숙野宿을 할 때에, 밤에 누가 와서 나를 찾는 것은 공포恐怖, 그것이었다. 밖에서 부른다고 불쑥 나가다니, 재난災難이 닥칠지도 모르는데, 같이 있는 가족도 공포에 떨 일이다.

(4) 지금은 한밤중에 걸려오는 전화가 무섭다.

무슨 불길한 일, 사건이 생겼나 하고. 잘못 걸려온 전화일 수도 있다. 세 번 신호가 울릴 때까지 받지 말고, 빨리 대책을 세우라.

이렇게 이전 어른이 우리 후손에게 경험을 통한 지혜를 속신어로 다 남긴 것이다.

(5) 밤에는 밝은 낮보다 위험할 생길 수 있으니, 매사 침착하고 신중하라는 말이다.

밤에 누가 나를 부르는 일은 "밤에 생기는, 생길 수 있는 일"을 단적으로 말한다. 조심하라고! 다 경험에서 나온 속신어이다. 이 진리 같은 경험은 전파傳播하고 전승傳承하여야 한다.

# 43

## 거짓말을 받아들일까?

1. 거짓말은 있다.

이전이나 지금도 있는 '인류의 필수품必需品'이라고 할 거짓말, 속신어는 어떻게 보는가?

당연히 나쁘다고 본다. 어떤 사람은 거짓말을 심각한 죄악이 아니라고 할지라도, 속신어는… 나쁘면 벌을 받는데… 속신어에 그 '벌罰'이 있을 것이 아닌가? 그래, 이렇게 있다고 한다.

1) 주었다가 빼앗으면/ 엉덩이에 솔 난다.
2) 거짓말을 많이 하면/ 이마에 소나무가 난다.
3) 거짓말하면/ 엉덩이에 뿔 난다.
4) 거짓말을 잘 하면/ 입이 가재미처럼 삐뚤어진다.
5) 거짓말을 하면/ 혓바닥이 잘린다. 뽑힌다.

6) 거짓말을 하면/ 앞니가 뽑힌다.

이상은 1) 주었다가 도로 빼앗는 것은 잘못이고, 2)~6) 거짓말을 하는 것은 잘못이라는 말이다. 물론 이 두 가지 잘못을 사람이면 해서는 안된다.

그러나 현실로 보면, 인류 역사에서 이런 잘못이 사라진 적은 없다. 오늘날 한국에도 '거침없이' 이 두 잘못이 '성행盛行'하고 있다.

2. 세상은 거짓말을 가볍게 본다.

그런데 그런 죄를 지은 사람이나, 그 편便은 별것이 아니라는 등 변명을 늘어놓기도 한다.

아주 크게 사고를 저지를 만큼 "주었다가 도로 빼앗기"가 아니면, 또 "그럴 수가 있지. 실수야. 이것이 무슨 큰 죄가 되나?" 하고 가볍게 본다. 그런 '어쭙잖은 관용寬容'을 한다.

그 거짓말이 별로 남에게 피해를 주지 않고, 해독害毒이 심하지 않으면, "그 거짓말은 장난이야. 재미로 한 것이야. 사람이 평생을 살면서 거짓말을 한 번도 하지 않고 살 수 있어? 큰 피해를 입은 사람은 없어. 그냥저냥 넘어가." 한다. 그런 '비겁한 얼치기 용서容恕'를 한다.

3. 속신어는 거짓말을 무겁게 본다.

그러나 속신어에서는, 주었다가 도로 빼앗기와 거짓말하기가 나빠서 벌을 받는다고, 위 속신어 결과절(뒷부분)에서 보듯이 아주 엄격하다. '엄격嚴格'은 '강한 징벌懲罰'을 말한다.

바로 속신어는 우리에게 이렇게 교육한다.

과연 이런 엉터리 관용과, 비겁한 용서가 잘한 일인가? 아니다. 더 망하는 폭탄爆彈 같은 것이다. 그런 관용과 용서는 죄악이 될 수 있다. 주고 빼앗기와 거짓말도 죄악이 되지만, 동시에 이런 "어쭙잖은 관용이나, 얼치기 용서"는 큰 재앙이 된다. 악에 동조同調말 일이다.

예컨대, 바늘을 훔친 아들을 보고, "별것이 아니다. 그럴 수 있다."고 용서한 아버지는 훗날, "바늘도둑이 소도둑이 된다"는 속담대로 그 아들을 소도둑으로 만들어, 그 소를 훔친 아들이 벌을 받고 죽거나 감옥에 가는데, 아버지는 그 비참한 아들을 볼 것인데 심정은 어떨까?

그 때 아버지의 '용서'가 훗날 아들을 '죄수나 사형수'를 만들었다. 충분히 그런 일이 가능하다. 속신어는 그런 비극이 일어나지 않도록 교육한다.

"당신은 그 아버지의 심정을 맛보려는가? 당신은 아들 신세를 망치려는가? 가문家門을 망치려는가? 아들이 중요한 인물이라면 단체와 사회와 나라를 망치려는가? 그 죄수의 아버지가 당신일 수도 있다. 범죄에 동조同調한 자가 되지 말라.

바늘도둑이 소도둑이 된다. 작은 거짓말이 온 나라를 망칠 수 있다. 그러므로 죄가 되는 거짓말하기를 작을 때 싹을 잘라라.

주었다가 도로 빼앗지 말고, 거짓말을 하지 말라고 미리미리 교육하라."

이렇게 보면 민간 지혜 덩어리인 속신어는 훌륭한 선생님이요, 인생론人生論을 역설力說하는 철학자哲學者이다. 또 거짓말쟁이나, 거짓말편에게는 무서운 엄부嚴父이다.

4. 거짓말은 죄악이요 죄악의 근본이다.

갑甲은 거짓말, 때로는 이에 따르는 욕설과 폭언暴言을 가볍게 장난으로 알고 하지만, 그 당한 상대인 을乙은 병病이 들고, 파산破産하고, 사업체가 망하고, 가정 파탄이 생기고, 공든 탑이 무너지고, 심지어 자살을 하기까지 한다. 거짓말과, 이에 따르는 폭언이 생명을 끊는다는 말이다. 실로 심각한 일이 벌어진다. 이것을 볼 때, 개인이나 단체나 다수가 한 거짓말이 작다고 그 누가 당당히 말하랴? 사람은 그 거짓말과 폭언의 피해 현상을 주변에서 자주 본다.

거짓말은, '특별한 경우는 빼고', 일반적으로는 발뺌이다. 저주이다. 무책임이다. 후안무치厚顏無恥이다. 자업자득自業自得의 출발이다. 백해무익百害無益이다. 유언비어流言蜚語다. 양심마비良心痲痺다. 생명손상生命損傷이다. 무기없는 살상殺傷이다. 인간말종人間末種을 만든다. 모함謀陷이다. 이간離間질이다. 인격살인이다...

한번 거짓말은 눈덩이처럼 여러 거짓말을 만든다. 거짓말은 새끼를 친다.

나중에는 거짓말이 거짓말인지 참말인지, 자기도 남도 분간을 못한다. 저자(시장市場)에 호랑이가 나왔다고 3번 거짓말하면, 그 말이 참말인 줄 다 믿는다면 그런 사회나 나라는 불행해진다. 바로 작더라도 거짓말은 비극의 출발이요, 불행의 씨앗이다.

애초부터 거짓말하기를 막아야 한다. 이들 속신어처럼. 많은 속신어가 우리에게 훈계한 것처럼. 나는 거짓말이 "인류의 필수품"이라고 하였는데, 속신어는 이 '필수품'을 없애야 한다고 한다.]

[참고사항] 거짓말이 필요한 경우. 군대에도 거짓말이 있을 수 있는데, 허용한다.

전법戰法에 '병불염사兵不厭詐'라는 말이 있다.

〈수단 방법을 가리지 않을 군사작전(병兵)에는/ 거짓말이나 사기詐欺나 위장僞裝이나 반간反間(간첩활동)이나, 역정보逆情報 같은 비정통 방식(사詐)을 사용하는 것을/ 꺼리지(염厭)/ 말라(불不).〉이다.

바로 군대에서 보면, 거짓말도(승리 목적) 있어야 하고, 거짓말로 인한 피해도 알고 대비하여야 한다(승리 목적). 이 군대 사정은 특별한 경우이다.

경우에 따라, 정치, 국방, 외교, 사업, 의료 등에서 국가와 사회와 당사자에게 이로우라고, "선의善意로 하는 거짓말"이 있을 수 있다. 그런다고 일반사회에 적용하지 말라.

# 정말 "이마에 솔이 나고 엉덩이에서 뿔이 난다"인가?

 맞다. 분명히, "거짓말을 하면 죄가 된다." 그런 의식意識이 옳다. 속신어에서는 그 거짓말을 하는 사람은 벌을 받는다고 한다.

 그 벌을 말하려면, 옛날 같으면 관청官廳에 잡혀가서 치도곤治盜棍을 맞고, 지금 같으면 형법刑法 몇 조條에 해당하여 경찰이나 법정에서 벌을 받는 벌을 말하려는 것은 아니다.

 속신어의 벌은 국가의 문서에도 없다. 고발이니, 증인이니, 증거니 하는 복잡한 절차도 없는 문서 없는 불문不文의 벌이다. 그러면 어떤 죄인가? 어떤 벌인가? 어느 정도 징벌인가?

 벌은 "거짓말하는 본인 때문에 자식이 죽는다. 본인도 영영 죽는다."이다.

1. 현세現世: 갑甲이 여러 사람에게 거짓말을 하였다.

그렇지만 갑의 신체도, 재산도, 지위도 멀쩡하다. 갑의 자손도 멀쩡하다. 더 잘 산다.

갑은 그저 귀로 욕을 먹는 정도로 받아들인다. "거짓말을 하여도 아무렇지도 않군." 한다.


2. 사람은 언제인가 죽게 마련, 갑甲이 죽었다. 주변 사람들은 비로소 말을 한다. 저주한다.

(1) "잘 죽었다. 진작 뒈지지 왜 오래 살았어? 자식이 잘되나 보아라. 부모의 악업惡業이 어찌 자손에게 미치지 않으랴? 애비가 지은 죄, 자손이 받아라. 대대로 망해버려라."

그런데 갑은 이미 죽었으니 그런 저주를 한 사람들에게 항의抗議도 못한다. 갑은 이런 저주를 막을 수 없어서, 갑의 자손들만 갑이 받을 저주라는 앙화殃禍를 고스란히 받는다.

(2) 갑은 무덤에 들어갔다. 당연히 자손이 갑의 무덤을 돌보아야 한다. 그런데 갑 때문에 자식이 망하였다. 손자도 망하였다. 갑의 무덤을 돌볼 자손이 없다. 그러면 그 갑의 묘는 묵묘, 곧 폐묘廢墓가 된다. 무후無後라, 초라하다. 봉분封墳도 없어져서 평지가 된다. 갑이 이전에 살았었다는 증거가 차츰 차츰 없어졌다.

(3) 그런 대로 오래 가면 갑의 묘(무덤)는 흔적도 없어진다.

그 자리에 풀이 자라고 나무가 자란다. 대개 소나무가 자란다. 그러면 땅속에 들어있는 갑의 시체, 곧 백골, 머리, 이마, 엉덩이 등에 나무뿌리가 뻗어 나무가 자라고 잡초가 자란다.

(4) 이것을 시간상으로는 현세現世(거짓말하면)와 내세來世(후손이 망하여 이마에 솔 난다)인데, 도덕상으로는 현세가 내세라고 하나로 본다. "지금 거짓말하면 지금 즉시 이마에서 솔이 난다"고 속신어는 말한다. 살았을 적과 죽었을 적을 하나로, 선조와 후손을 하나로 본다.

하나로 본 것은 "사람은 죄짓지 말라. 거짓말하지 말라"는 교훈과 진리와 정의正義를 드러내려는 것이다. 이것은 육법전서六法全書보다 더 정확하고 엄격한 정의正義의 실현實現이다.

이 속신어는 거짓말을 하면 자손이 망한다는 것, 그보다 크고 무서운 징벌이 어디 있는가?

이것은 법조문보다 다 정확하고, 엄격하여서 강한 교육 효과를 거둔다. 이런데도 주었다가 도로 빼앗고, 거짓말을 떡 먹듯이 할 것인가? 현재와 미래는 같은 시간인데 말이다.

# 거짓말하는 자식 때문에 부모가 죽을 맛이다.

아래 속신어를 보자.

　거짓말을 하면/ 앞니가 뽑힌다.

(1) 앞니는 그 사람의 건강을 말한다.
앞니(대문니. 대문치大門齒)는 어떤 것인가? 중하다!
이, 특히 앞니가 성하면 음식을 잘 씹어먹고, 음식을 잘 씹어 먹으면 소화가 잘 되고, 소화가 잘 되면 건강하다. [이가 부실하면 대개 건강이 문제가 생긴다.]
(2) 앞니는 그 사람의 외모, 얼굴을 보기 좋게 만든다. [앞엣니가 빠진 합죽이, 어떤가?]
(3) 앞니는 그 사람의 말하기인 발음發音, 발성發聲, 발화發話, 표현

表現 등에 중요하다. [이가 빠져 말이 새고, 발음이 분명하지 않는 것은 괴롭다.]

(4) 앞니는 중요한 면에서 부모를 상징한다.

["앞니가 빠진 꿈을 꾸면 부모가 돌아가신다."는 꿈 속신어가 있다. 앞니 빠진 자식을 만나 보는 살아있는 부모의 마음이 아플 것은 정한 이치이다.]

이런 소중한 앞니가 빠졌으니, 거짓말을 하는 (1) 본인의 건강도 나빠지고, (2) 외모도 나빠지고, (3) 의사 표현도 나빠지고, (4) 인격도 나빠지고, (5) 부모 마음을 아프게 하는 불효를 저지른 것이다.

사람에게 소중한 앞니가 빠진 것은 거짓말을 하였기 때문이니 자업자득自業自得이다.

다시 말하면, 자신이 망하고, 부모가 망하고, 자손이 망하는 이런 불행을 안았으니 누구를 원망하고 누구를 탓할 것인가? 누구를 탓하기 전에 자기 탓이라고 해야 한다.

그러면, 거짓말을 안 할 것이다 - 고 속신은 강력하게 교훈한다.

# 거짓말하면 죽어서 발설지옥拔舌地獄 행行!

### 1. 거짓말하기는 양설죄兩舌罪

거짓말은 입 하나로 두 가지 말을 하는 것이다.

어떤 사람이 동쪽과 서쪽을 동시에 말하고, 예쁘다와 밉다를 한 입으로 말하고, 멸사봉공滅私奉公과 사리사욕私利私慾을 한 혀로 놀리는 일구이언一口二言은 혓바닥 하나 일설一舌로 이랬다 저랬다 하여 두 가지로 말하는 것, 양설兩舌이다. 대개 꾀 많은 사기꾼이 그런다. 양심은 어디에 두었는고?

그래서 보통 거짓말을 양설兩舌이라고 하고, 그런 죄(불교 용어)로 양설죄兩舌罪라고 한다. 이 양설, 거짓말한 사람은 벌을 물론 받는다.

### 2. 양설죄는 벌 받는다.

속신어: 거짓말을 하면 혓바닥이 잘린다. 뽑힌다.

1) 저주를 받는다.

사람은 거짓말쟁이에게 피해를 보고 나면 이렇게 저주를 한다. 우리가 흔히 보고 듣는 바이다.

"저 사람의 혀토막(우리 고장에서는 '쎗토막, 쎗바닥'이라 한다)를 자르고 싶다. 혀를 서 발이나 잡아 늘려 뽑고 싶다. 돌로 주둥이를 비벼놓고 싶다. 아구창, 아가리를 돌려놓고 싶다.

성한 입이라서 거짓말을 하고 사기를 치니, 입이 망가지고, 혀가 잘라져 토막이 나면 사기꾼이 안되겠지. 뻔뻔한 가짓말쟁이가 안되고. 그러면 저도 좋고 남도 좋을 것인데…"

이런 저주를 받는 사람은, 그 순간부터 그 거짓말하는 양설兩舌을 가진 자는 "혓바닥이 잘린다. 뽑힌다"고 간주한다. 혀가 그러면 정상적인 사람이라고 할 수 없다. 말 못하는 짐승이 된 것이다. 죽어서 발설지옥拔舌地獄에 갈 감(사람. 자료)이다.


2) 발설지옥拔舌地獄에 간다.

절에 가면 중앙에 대웅전大雄殿이 있고, 그 서쪽에 저승의 모습을 그린 그림이 있는 명부冥府殿, 또는 다른 말로 부르는 시왕전十王殿이 있다.

명부전에 있는 염라대왕(10대왕의 이름이 각기 있지만 하나로 부르겠다)은, 금생今生, 현세現世에서 지은 10가지 죄를 지은 자, 곧 죽어서 저승에 온 죄인에게, 하나씩 심문한다. 그 벌을 주는 그림이 있으니 가 보라.

그 중 죄 하나가 거짓말하는 죄, 곧 양설兩舌이다. 달리 말하면,

"한 입으로 두 가지로 말하기, 혓바닥 하나를 두 가지로 놀림인 양설죄兩舌罪이다.

양설죄를 지은 사람은 어떤 벌을 받는가?

- 저승차사가가 죄인의 입을 벌려 혀를 움켜잡고 뽑아낸다(혀 뽑기, 발설拔舌).
- 저승차사는 뽑아낸 혀를 늘려 펴 놓는데, 논밭 한 뙈기 약 100평 정도로 늘려 놓는다(혀 펴늘리기).
- 소가 끄는 쟁기(보습, 쇠날)로 논밭을 갈 듯이 득득 혓바닥갈기 쟁기질을 한다(혀 갈기).
- 날이 저물면 혀를 도로 작게 만들어 죄인의 입에 집어넣는다.
- 이튿날 날이 새면 어제처럼 저승차사가 "혀 뽑기 - 혀 펴늘리기 - 혀 갈기"를 하고, 날이 저물면 "혀를 도로 죄인의 입에 집어넣기"를 한다.
- 날마다 발설, 발설, 발설, 49일간 하루에 한 번씩 발설… 49번 발설한다.

이 과정이 바로 발설지옥拔舌地獄이다.

### 3) 선악부善惡簿와 업경業鏡에서 양설죄를 증명

저승 재판부 앞에는 그 사람이 살아서 한 좋고 나쁜 행동은 죄다 기록이 되어 있는 장부책이 있다. 이름하여 선악부이다.

지금 같으면 속기록이나 녹음한 것이다. 그것을 저승 재판관인 최판관崔判官이 저울에 올려놓고 장부 기록의 무게를 달아, 벌의 크기를 결정한다.

물론 양설죄가 그 장부에 기록이 되어 있다.

"너는 언제, 어디서, 어떤 일로, 누구에게, 이렇게 양설兩舌하였지?"

장부에 죄다 기록이 되어 있으니 아니라고 할 수도 없다. 양설의 죄를 고스란히 다 받는다.

또 저승에는 저승거울인 업경業鏡이 있다.

그 사람이 살아서 한 행동이 지금 영화, 동영상, 녹화물錄畵物처럼 촬영이 다 되어 있다.

거짓말을 안 했다고 발뺌을 할 수도 없다. 죄를 자인自認하고 고백告白하고...

4) 교훈, 정리

죄인은 염라대왕에게 부탁을 한다.

"대왕님. 제발, 세상 사람에게 절에 가라고 하십시오.

절에 가면 대웅전만 보지 말고, 그 곁에 있는 명부전을 가 보라고 하십시오.

다른 지옥도 보지만 특히 발설지옥을 보라고 하십시오.

명부전에 못 가더라도 만간에 돌아다니는 속신어를 보고 정신 차리라고 명심하라고 하십시오. 또 저처럼 발설지옥에 올 사람이 나오지 않도록.

[거짓말을 하면 혓바닥이 잘린다. 뽑힌다]"

# "죄를 지면 벼락 맞아 죽는다"와
## 악인징벌관惡人懲罰觀

(1) 세상에는 착한 사람도 사는가 하면, "벼락맞아 죽을 놈"도 산다. 정말로 천벌을 받은 사람, 우리가 보는 바이다.

선인善人이 복을 받고 악인이 벌을 받는 것이 당연한 진리인데, 이상하게도 그와 반대인 경우도 있다. 속이 상할 일이다.

당연한 일로, 상식대로, 기대期待하는 대로 복을 받아 잘 사는 사람도 있지만, 일반 도덕심道德心과 달리, "악인이 잘 살더라. 죄인이 벌받기는 커녕 끄덕도 없더라."는 말처럼 악인이 건재健在한 일도 있다는 말이다.

"살아서 죄지으면 죽어서 벌을 받는다"와, "악인은 지옥으로"라는 것이 내세來世에서 실현實現을 기대하지만, 그보다 먼저 현실, 현세에서 그래야 하는데, 내세와 같은 일이 현세에 벗어나 있어서 통탄痛嘆하기도 한다. 법망法網과 잔꾀로 요리조리 피하는 자들 밉다.

(2) 하늘은 100점이 되면 악인을 벌 준다.

그러면 정의와 공정公正을 뜻하는 하늘은, 하느님은 주무시는가? 아니다. 때를 기다리고 계신다.

"죄를 지면 벼락 맞아 죽는다"는 속신어가 있음을 보라.

"악인은 벌을 반드시 받는다"고 한다. 바로 악인징벌관惡人懲罰觀이다. 달리 "악이 가득 차면 반드시 벌을 받는다"는 그 악만징벌관惡滿懲罰觀이라고도 할 수 있다.

그러면, 악인에게 떨어질 그 벌이 언제, 어떻게 떨어질까?

‣ 악인이 지을 최악의 많은 점수인 100점 만점滿点이 차면 악인은 벌을 받는다.

‣ 100점이 차기 전인 70점, 80점, 90점이나 95, 96, 97, 98, 99점은 다 같은 100점 미만의 점수이다. 벌을 받을 100점이 다 되지 않았으니까 그 악인은 아무렇지도 않다.

사람들은 이것을 보고, "악인은 벌을 안 받는다. 악인이라도 더 잘 살더라"고 한다.

‣ 99점까지 악인은 악행을 하여도 끄떡이 없다. 그래서 악인은 더 악을 저지른다. 누가 말려도 안된다. 악인은 100점까지 여유가 1점밖에 남지 않았는데도 악행惡行에 가속도加速度를 붙인다.

‣ 그래서 드디어 악의 최고점이요 한계점인 100점을 채운다. 그 악인은 그 순간 망한다.

‣ 악인이 자행한 악행의 최후 만점滿点인 100점이 찼기 때문이다.

비유하건대, 악인이 가지고 있는 잔에 98, 99점까지는 물이 넘치지 않지만, 드디어 100점이 차면, 그 이상은 아무리 물을 부어도 물은 넘친다. 동시에, 저울대에 놓인 물잔은 100점 한계에 당도한 무게를 못이여, 잔이 넘어지고, 떨어지고, 깨진다.

▸ 악인이 악을 저지르고도 멀쩡하고 잘 산 것 같이 보이는 것은 아직 악의 한계점인 100점에 당도當到하지 않았기 때문이다. 곧 한계점에 도착할 것이다(법망法網에 범인이 걸리듯).

▸ 악만즉망惡滿卽亡(내가 지은 말)이다! 악인이 그런 위기危機가 닥쳐오는 것을 모르고 악행을 계속하면 곧, 곧곧, 곧곧곧… 그 즉시, 순간, 당장… 와장창 깨지고, 망하고 죽는다.

▸ 보통 그 악행의 100점을 "천벌天罰을 받는다. 급살急殺을 받는다. 삽시霎時에 망한다. 순간瞬間 몰락한다. 천지개벽天地開闢하듯 없어진다, 벼락맞아 죽는다"고 말한다.

▸ "악인이 지금 잘 산다는 말"은 악인이 악행惡行 점수 100점을 아직 안 받았다는 말일 뿐, 머잖아 "곧, 곧곧, 곧곧곧 망한다"는 말과 동의어同義語이다. 명예도, 재산도, 몸도, 자손도.

"악인이 잘 살더라"는 "악인은 곧 망한다"와 같다고 속신어는 이렇게 웅변雄辯한다.

악인이 잘 된 것을 이상하게 보지 알라. 이것이 속신어에서 악인징벌관惡人懲罰觀이니까.

그래서 속신어는, "자연의 이치요 하늘의 법망法網은 악인편이 아나라 정의롭고 엄격하고 진리편이다."고 한다.

## "밥을 흘리고 먹으면 기민饑民한다고 한다."

### 1. '기민한다'는 말

이 속신어는 좀 특이한 구조요 내용이다.

언뜻 보면 속신어라고 할 수 없는데, 잘 보면 분명 속신어다. 일반 속신어 구조로 보면, 조건절 "밥을 흘리고 먹으면"에 결과절이 '나쁘다'거나, '좋다'거나 할 것인데, 이 속신은 '기민饑民한다'고 하였다. 구조가 특별하다.

그러면 그 기민은 무슨 말인가?

1) 기민饑民

기민은 '굶주린 백성'이다. 흉년, 가뭄, 대홍수, 재난 등이 생겨서 먹고 살기 힘든 백성이다. 이재민罹災民이다.

2) 기민한다. 기민하다

(1) 명사 '기민'에 '하다'가 더하여 동사가 된 말이다. 명사 '공부'에 동사 '공부하다' 처럼, 여행에 여행하다, 사랑에 사랑하다, 식으로 '기민'에 '기민하다'면 "굶주린 백성이 된다."이다. "사람이 밥을 흘리고 먹으면. 재물을 낭비하면 그 사람은 기민처럼 가난하고 고생하며 산다."는 말이다.

밥을 흘리지 말고 먹으라는 교훈이 있다고 본다.

(2) 그런데 이상하다. 밥을 흘리고 먹는다고 기민한다고?

"기민한다"는 원래 뜻을 알면 이 속신어는 다른 뜻이다.

'기민하다'는 "기민을 도와준다. 기민에 먹을 것을, 국가, 사회, 단체, 개인 등이 적선하고 자선慈善하고 구제한다."는 뜻이다. 다른 말로, "기민饑民을 먹이다. 기민먹이다."가 있다.

또 "기민을 주다. 기민준다."고도 한다.

밥을 흘리는 사람을 나쁘게 보지 않고, "앞으로 살림이 넉넉하여서 구제사업을 할 수 있다"고 좋게 본다는 말이다.


3) 기민할 마음

사람이 기민하기로 마음을 먹으면 가난하여도 할 수 있고, 보통 경제 수준으로 살아도 할 수 있고, 부자라도 할 수 있다. 부자가 꼭 적선인 기민을 하는 것도 아니고, 살기 어려운 사람이 적선인 기민을 못하는 것도 아니다. 사는 형편보다도 기민할 마음이 중요하다.

이 속신어는 "음식을 흘리면(원인. 조건) 부자로 사는 증거이다(결과). 음식을 흘리면 지금 부자다. 음식을 흘리면 장차 부자가 된다"인데, 그 속뜻은, "밥을 흘리는 사람은 이미 부자가 되었으니, 또 앞으로 부자가 될 것이니 기민을 해야 한다. 기민주어야 한다"는 말이다.

지금 부자티를 내려고, 또 부자 되기가 장차 소원이라서, 밥을 꼭 흘리라는 권장이 아니고, 굶주린 백성을 위하여 기민하려면 부자라도, "나의 식량을 허비하거니 낭비를 하지 말고 도와주어야 한다"라는 말이다.

속신어 "밥을 흘리고 먹으면 소가 된다"는 "밥을 흘리지 말라"는 금기인지만, "밥을 흘리고 먹으면 기민한다, 기민준다"는 "얼른 부자가 되어서 자선사업을 하라"는 권유勸誘이다.

다시 말하면, 지금은 밥을 흘려도 용서하고 나무라지 않는다만, 다음에는 먹을 때마다 자기처럼 먹지 못하는 불쌍하고 딱한 사람을 기민하고 구제하여야 사람도리인데, 그리 안 하면 지금 참는 꾸지람까지 보태서 엄격하게 혼낼 것이다.

밥을 흘려도 좋다. 기민만 한다면, 그럴 기민할 마음만 있다면, 밥을 먹는 순간에도, 밥을 먹는 동작 하나에도, 기민하는 것, 곧, 동정, 인정, 자선, 자비, 선행, 구제 등을 우선적으로 생각하라고 이 속신어는 말한다.

### 2. 교훈: 기민하려면 절약하라.

1) 그런데 이런 결론이 맞는지 생각하여 보자.

"밥을 흘려라(재물을 낭비하라. 그런데도 재물을 아껴서 부자가 될 것이니) 나중에 기민하라."

이 말이 맞는가? 모순矛盾이요 당착撞着이다. 틀린다. 그러면 이 속신어의 본뜻을 보자.

- 맞는 말: 지금 재물을 낭비하면 앞으로 도저히 부자가 될 수 없다. 그러면 기민을 못한다.
- 교훈: 좋은 일, 자선慈善인 기민을 하고 싶으면 지금. 지금부터 재물을 낭비하지 말라.
- 결론: 바로 밥을 흘리지 말고 먹어라. 재물을 지금부터 아껴라. 그리고 반드시 기민하라!

2) 그냥 "밥을 흘리지 말고 먹어라"하는 훈계보다, "밥을 흘리지 않고 먹는 것은 결국 선행善行하고 자선慈善하고 기민하려는 것이니 자원 절약은 이타利他선행善行이 목적이어야 한다는 교훈이 있다. 내용이 특별하다.

그 얼마나 훌륭한 속신어인가? 속신어를 남긴 선조先祖인가? 오늘 우리가 본받자!

# "밥을 남기면 벌을 받는다"

### 1. 이 속신어의 가치

이 속신어는 사람의 일생생활에서, 물질적으로 정신적으로 사람의 생명과 건강과 예의에 관한 사람의 모든 것을 담고 있으므로, 속신어사전에서 매우 길게 설명을 하였는데, 이번 이 책에서는 더 길게 이야기를 하겠다.

그럴 필요가 있다고 느낀다. 바로 이 속신어는 우리 선조, 곧 한국인의 음식관飮食觀이며 경제관經濟觀이며, 생활관生活觀과 생명관生命觀이 있기 때문이다.

### 2. 밥을 낭비 말라.

밥은 사람이 먹는 것인 음식飮食이나 식물食物이나 식료食料나 식량食糧을 대표한 말이다.

식물성 식료로 쌀, 보리, 콩, 물, 채소, 나물, 반찬, 뿌리, 과일 등/ 동물성 식료로 짐승고기, 물고기, 새, 닭, 곤충 등/ 액체음료飮料로 물, 술, 약, 기호嗜好음료 등/ 인공人工, 가공加工 음식류飮食流 등을 한 마디로 '밥', 먹을 것. 음식이라고 한다.

사람은 밥을 먹고 산다는 것은 사람은 무엇이든 입에 먹을 것이 들어가야 한다는 말이다.

그러므로 이 속신어는 밥이 밥, 쌀, 벼 같은 미작米作을 직접 하기도 하고, 먹을 것과 마실 것인 모든 음식물을 간접적으로 말하기도 한다.

이 속신어는, 사람이 한 번 밥을 숟갈을 대고 먹었으면, 많다고 그 먹던 밥을 남기지 말고 다 먹으라는 말이다. 밥을 먹을 사람이, 밥을 먹기 전에 이 밥을 다 못 먹겠으면 먹을 만큼만 챙기고, 먹지 못할 것을 미리 덜어놓을 일이다.

못 먹고, 안 먹을 밥은 숟갈을 대기 전에 덜어놓아야, 그 밥을 다른 사람이 먹을 수 있지만, 사람이 일단 숟갈을 대고 먹다가 남긴 밥은 다른 사람이 더럽다고, 꺼림칙하다(께름직하다고도 한다)고, 자기를 거지 취급을 한다고 하여 먹지 않는다. 그러면 귀중한 밥과 식량을 낭비한다.

밥을 형편이 어려워서 못 먹는 사람이 있는 마당에 이런 낭비는 죄를 짓는 것이다.

### 3. 밥을 버리는 죄: 하늘(天理. 天意)을 버린다.

1) 밥을 먹는 것, 곧 식食(밥식. 먹을 식)은 하늘이다.

이전에는(지금도) 백성은 먹는 것을 하늘로 삼는다고 하였다(민식이위천民食以爲天).

사람이 사는 것이 제일이라면, 살도록(생명生命 갖기) 하는 식食, 밥이 제일이고, 이 세상에 제일이 하늘이므로 곧 밥이 하늘이다. 모든 생명체는 하늘 같이 소중한 밥을 먹어야 산다.

이것이 본능이고 진리眞理이고, 천리天理이다. 밥이 그만큼 소중하다. 식량이 떨어져 달랑달랑하고, 한두 끼를 굶어보라.

2) 하늘이 없으면 농사를 지을 수 없고, 밥도 없고, 밥을 먹을 수도 없다.

농사는 결국 하늘의 도움으로 짓는다. 그러므로 사람이 밥을 먹을 때에는 먹는 것에 감사하고, 먹도록 해준 하늘에게 감사해야 한다.

하늘은 그 사람에게 농사를 지어준 것은 그 사람이 감사하며 다 먹기를 바란다. 맛있게 먹고, 다 먹고, 그래서 잘 살기를 바란다. 이것이 하늘의 뜻인 천의天意이다.

3) 그런데 그 사람이 밥을 남기면, 하늘을 버리는 것이다.

감사도 모르고, 천리天理도 모르고, 천의天意도 모르므로 하늘이 노여워한다.

"너는 농사를 지어준 그렇게 나를 무시할 수가 있느냐? 은공恩功을 그렇게 모를 수가 있느냐? 다음부터는 너에게 〈농사〉를 안 주겠다. 농사를 망쳐놓겠다."

고 한다.

  그런데 지상地上에서는 그 밥을 남긴 한 사람만이 살고, 한 사람만이 농사를 짓는 것이 아니고, 많은 사람이 농사를 짓는다. 그러므로 이 한 사람 때문에 그 지역에 사는 다른 많은 농사군도 '농사망침. 농사 흉년'을 입는다. 이것도 죄짓기이다.

### 4. 밥을 버리는 죄: 사람의 은공恩功을 모른다.

1) 내가 먹는 밥에는 그 밥이 내 앞에 들어오기까지, 그 들어오는 동안 수많은 사람의 노고勞苦가 있었다.

  농부는 물론이고, 비료(퇴비堆肥, 금비金肥 등)를 만든 사람, 방앗간 주인, 방아를 찧는 사람(참으로 고생한다), 운반하는 사람, 밥을 짓는 사람 등등의 피와 땀과 눈물이 들어 있다.


2) 88을 생각한다.

  쌀미米 자는 본디 벼이삭 벼모가지에 벼 낟알이 달린 모습을 본떠서 만든 글자지만, 쌀과 농부의 소중함을 설명하느라고 "八十八(88)"을 합친 글자라고 달리 보기도 한다.

  그래서 88번으로 생각한다. 그 자원字源 풀이를 속담이나 속신어에서 찾아보자.

- 쌀 한 톨에 농부의 손을 88번 거쳤다.
- 쌀 한 톨에 농부의 땀방울이 88 방울이 들어갔다.
- 우리 입에 밥티 하나가 들어오기까지 여러 사람의 수고를

88번 거쳤다.
- 속담에 "벼는 농부가 논두렁을 88이나 밟은 소리를 듣고 자란다."
- 바로 농부의 발걸음이 벼논에 88번 가 있었다.

### 5. 밥을 버리는 죄: 자연의 고마움을 무시한다.

쌀 하나에 자연인 햇빛, 햇볕, 바람, 구름, 비, 곤충, 미생물, 심지어 잡초까지 농사를 거들었다. 그 자연의 고마움을 잊는 것, 그것은 결코 잘한 일이 아니다.

### 6. 밥을 버리는 죄: 시간의 가치를 무시한다.

자동차 한 대는 단시간에 만들 수 있지만, 볍씨 한 톨은 봄과 여름과 가을, 세 철을 지내야 얻을 수 있다. 짧은 시간도 중요하거늘 세 철 농사임이랴?

### 7. 밥을 버리는 죄: 감사를 모른다.

우리가 먹는 밥은 "고마움 투성이"다. 그런데 그런 밥을 못 먹게 버리다니, 그렇게 밥을 남기는 것은 고마움이 없다. 사람이 고마움을 모르면 제대로 된 사람, 삶앎이 아니다.

그러므로 사람이 되어서 도저히 쌀 한 톨, 밥 한 티라도 버려서는 안 되고, 허술히 하여서도 안 된다. 사람과 하늘과 자연히 합친 작품인 벼, 쌀, 밥을 하나라도 우습게 안다는 것은 바로 천벌天罰을 받을 짓이 아닌가? 바로 하늘의 도움으로 얻은 밥인데, 버리면 하늘이 노여워서 벌을 내릴 것이 아닌가 말이다.

하늘이 음식을 버린 사람에게,

"이놈아, 네가 먹을 것에 너를 살리려는 나의 사랑이 들어있다. 그런데 인정머리 없이 버리다니, 나의 사랑을 버리다니... 나를 버린 것과 같은 못된 짓이다."

밥을 먹고 사는 인생인데, 이런 감사하는 감정感情이 없다면 사람, 곧 삶앓이 아니다.

한 끼만 굶어 보아라, 먹을 생각만 나지. 더 나아가 하루 세 끼를 굶어보아라, 온 동네, 온 천지 음식 냄새가 코로 들어와서 진동震動한다. 더더 나가서 며칠을 굶어보아라.

네가 못살 던 때 한 때 끼니가 걱정이던 때를 생각하라. 사람이 살아오는 동안 굶을 때가 있었을 것이다. 20세기 들어, 일제시대나 육이오 때를 생각하라. 객지에 나와서 돈은 없을 때, 먹을 걱정을 하던 때를 생각하라. '시장이 반찬'이 아니라, 혹독한 시장은 죽음이다. 살자고 태어나서 벌써 굶어 죽다니. 자, 이런 생각을 해 보는데... 어찌 밥 한 티라도 허술히 하겠는가? 네가 음식을 버릴 때 지금, 세상에는 굶주리고 있는 사람도 있음을 기억하라.

네가 굶지 않고 지금 먹고 있는 것, 자기에게 감사하라.


**8. 밥을 버리는 죄: 음식에 대한 경시輕視며 천대賤待이다.**

밥은 달리 보면 밥 아닌 다른 음식, 예를 들면 짐승고기, 새고기, 물고기 같은 생명체, 채소같은 생명체이기도 된다.

그 생명을 끊어 너의 밥(식료食料)을 만들고, 천대하다니...

### 9. 밥을 버리는 죄: 살생한 이유를 모르는 죄.

사람이 밥상에 오른 소고기를 먹다가 말면, 그 소고기의 원래 임자, 바로 죽은 소는 그 소고기를 버린 사람을 이렇게 저주한다. 역지사지易地思之로 죽은 소가 한 말을 해보라.

〈소가 저주하는 말〉

아, 나를 죽여 너의 입맛을 맞추는 고기를 만들어 먹는 사람, 너의 잔인함이여!

나를 먹으려고 이왕 잡아 밥상에 올렸으면, 생명을 너로 인하여 생명을 끊긴 나는 그런 대로 소원이 있다. 이왕 나는 죽었지만 〈나를 다 먹어라〉 - 이것이 나의 소원이다. 말도 안 되지만, 나는 그것을 소원으로 삼는다. 바로 네가 내 몸 소고기를 다 먹는 것은 나에 대한 대접이다. 나를 살생한 너의 목적은 나를 먹자는 것이 아닌가? 그래. 나는 목숨을 바쳐 너의 소원을 들어주었다. 슬프지만, 나는 이왕 죽은 것, 그런 소원이라도, 보람이라도.

그래 이것이 소원이다. 그 소원을, 말을 하여야겠구나.

그런데 너는 나를 먹다가 마는구나. 버리는구나.

그러면 나는 왜 죽었지? 너는 왜 나를 죽였지? 죽었지, 죽였지, 죽었지, 죽였지... 나의 소망과 보람은 쓰레기가 되는구나.

먹지 않고 버려진 내 몸이 쓰레기로로 가다니, 내 목숨 가치가 결국 쓰레기마냥 허망하구나. 내 목숨이 쓰레기가 되는구나. 아, 나는 헛죽었구나. 아, 헛죽었구나. 너를 위하여 죽은 내 목숨, 네

소원을 죽음으로 들어준다는 보람도, 희생도 다 사라졌구나.

나는 왜 죽었지? 너는 왜 나를 죽였지?

저주한다. 너를 저주한다. 음식을, 소고기를 버리는 너나, 소고기를 또 버리려는 너 같은 자들 모두를 저주한다. 앞으로 네가, 너희들이 잘 되는가를 보아라. 사람아! 나를 죽여놓는 자들아!

네가 나 같은 신세가 되어보아라.

너도 무슨 소원을 푼다고, 남에게 봉사하고 희생하였다고 하자. 그럼데 버림을 받았다 하자. 분노요, 허무요, 쓰레기일 뿐.

그러려고 봉사하고 희생을 하였는가? 목숨까지, 재산까지 날렸는가? 허무하리라. 통탄痛歎하리리. 비탄悲歎하리라. 상대를 저주咀呪하리라. 그러다가 사라지리라. 너는 사라지리라.

구구절절句句節節이 딱맞는데, 정말 그렇구나. 정말 그렇구나. 소도 생명이 있었는데, 사람이 먹자고 그 생명을 끊어 놓고, 정작 먹을 때는 안 먹고 버리다니…

소가 만물유정萬物有情, 희로애락喜怒哀樂이 있는 생명인데, 죽기를 싫어하는데, 사람은 그런 소에게 무슨 일을 하였느뇨?

당신이 그 죽은 소가 된다면, 역지사지易地思之로 소 입장에서 본다면, 사람은 이런 소의 말과 저주를 들어야 한다.

사람보다 못한 소에서, 소보다 못한 사람이라는 신세가 되지 않으려면. 소를 죽였으면 죽인 목적을 달성하라고!

### 10. 밥을 버리는 죄: 생산성生産性이 떨어뜨린다.

밥을 남기면 힘을 못 쓰고, 힘을 못 쓰면 농사든 직장일이든 망쳐서, 생산과 발전이 없다.

### 11. 밥을 버리는 죄: 분별력分別力이 부족하다.

밥을 먹을 사람이 일단 수저를 들었으면 그 밥을 다 먹어야 한다. 정 다 못 다 먹을 것 같으면 미리 덜어놓아야 한다. 분별分別이요, 요량料量이요, 상식이다. 눈 앞에 있는 음식을 다 먹지 못하는 사람에게, 앞으로 하늘이 넉넉하게 그 사람에게 밥을 주겠는가?

그러면 그 사람은 굶게 된다. 살아서 앞으로 제대로 못 먹고 죽을 것이며, 그 사람의 후손이 잘못 살아 제사도 제대로 못 지내면 결국 그 사람은 죽어서도 굶을 것이다.

그런 사람은 살아서 복이 없는 사람이요, 그래서 천벌을 받을 사람이요, 후손에게 복을 물려주지 못한 사람이요, 후손을 잘못 살게 하는 나쁜 선조先祖라는 사람이 될 것이다.

이전은 남이 먹다가 남긴 밥을 아까워서, 식량이 귀해서, 먹고 살 형편이 아니라서, 밥을 더 먹기를 바라는 사람이 있어서 먹었지만, 지금은 먹다가 남긴 밥은 대개 버린다. 자원 낭비인데, 달리 보면 음식쓰레기를 양산하여 공해公害를 만든 것이다. 밥을 버리는 것은 사람이 사람답지 않게 살고 행동한다는 말이다.

## 12. 여담餘談

1) 내가 어느 큰 회사 식당에 갔더니 이런 글이 붙어 있었다.
[밥 한 그릇 먹는 것도 요량도 못할 사람은 미래를 만들지 못한다.]

요량料量은 앞일에 대하여 잘 헤아려 생각함인 계획이니 계획성計劃性이다. 그 식당 담당자나 그 회사 사장이 하는 말은 이렇다.
"지금 눈앞에 밥 한 그릇을 다 먹을지 못 먹을지 헤아림이나 생각이 없는 사람이, 먼 훗날 무슨 수로 미래를 설계하고 성공을 하겠는가? 밥을 먹을 만큼 요량하고 남은 밥(잔반殘飯)을 남기지 말라" 그런데 속신어에서 이미 조상은 다 말했다.

2) 내가 이렇게 말한 것은 내가 시골에서 농부의 아들이고, 실제를 힘들여 농사를 지어 보았고, 가축도 길러보았고, 무슨 고기라도 먹을 일은 거의 없었고, 고등학교나 대학을 다니면서 객지생활을 할 때 한 끼에 전전긍긍戰戰兢兢한 일 등등 나의 경험에 따른 것이다. 먹는 것! 정말 중하다!

3) 또한 속신어 해석 방법 중 "만물유정萬物有情. 만물은 사람 같이 감정이 있다. 입장을 바꾸어서 역지사지易地思之로 생각하라."를 적용한 것이다. 나는 한 번 손을 댄 밥을 남기지 않는다.

# 속신어의 발생: 운동선수의 속신 경우

### 1. 속신어가 왜 생기는가?

다시금 이 제목을 생각을 하였다. 이 질문은 맨 앞에 나올 것이 맞겠는데, 이제라도 해답을 해보자.

사람이 세상을 살다가 보면, 인력人力으로 공부하고 노력하면 될 일이 있고, 그와 반대로 아무리 공을 들여도 안 되는 인력바깥(인력외 人力外)의 일이 있다.

또 일 중에는 인력人力과, 인력이 아닌 비인력非人力이나 초인력超 人力을 합쳐야 되는 것도 있다. 이른바, 사람으로 최선을 다 하고, 다음 하늘을 기다린다는 진인사대천명盡人事待天命, 곧 인사人事(人 力)와 천명天命(人力外의 도움)의 경우이다.

인간은 수명이나 능력이나 체력이나 지혜 등등 부족不足한 점이 많다. 인간의 한계점限界点을 벗어난 세계도 있음을 안다. 인간의 부족과 한계를 알기 때문에 대책對策을 세워야 한다.

그 대책이 속신俗信이고 속신어俗信語이다. 예를 들어보자.

## 2. 속신(금기, 권장, 길조, 흉조)이나 속신어가 생긴 경우

1) 생명이나 건강상 안전에 문제가 일어날 수 있는 경우(안전제일이 목적)

[예1] 광산鑛産사업, 어로漁撈사업, 운수運輸사업, 건설建設사업, 토목土木사업, 제조製造사업, 건축建築사업, 교육사업, 의약醫藥사업.

[예2] 군대 작전에서: 전쟁戰爭과 전투戰鬪 중, 전략戰略, 전술戰術, 공수전법攻守戰法, 천문天文과 지리地理와 인화人和의 최고로 유리有利한 것, 부비트랩(위장 지뢰), 민심民心얻기, 병기兵器다루기.

2) 생업生業, 수익收益에 문제가 생길 경우.

농업, 상업, 산업계, 심마니(채삼인採蔘人), 도박賭博(노름), 체육계, 예능계藝能界.

3) 명예名譽에 문제가 생긴 경우.

인륜대사人倫大事, 단체사회, 운동시합, 외교外交, 학문.

## 3. 예: 운동선수(체육계體育界, 각 운동 종목의 경우)의 속신

가장 과학적科學的 활동活動이라는 체육계에, 거기에 종사하고 있는 경영자나 지도자나 운동선수는 속신俗信이나 스트레스나 강박감强迫感에 민감하여, 속신이나 속신어가 자연히 생긴다.

그런데 그 속신과 속신어는 운동 종류와 종목種目에 따라, 선수의 개개인의 성격에 따라, 또는 시합을 하는 상대편이나, 상대국가에 대한 호감도의 다소多少에 따라 따르다.

체육인 중, 개중에는 승리의 비법秘法인 자기 전용專用의 속신을 노출露出하는 것을 꺼리는 일도 있다. 그래서 운동선수 속신과 속신어 조사는 사실상 어렵다.

1980년대 내가 한양대학교 전체 학생에게 교양강의로 "한국문화론"을 강의할 때, 수강생인 체육과 학생 박朴군은, 한번은 중요한 시합이 있어서 부득불 내 강의를 빠지게 되어, 찾아와서 고민을 말하였다.

나는 말하였다.

"내가 알고 싶은 것은 운동선수들 간에 있는 속신(금기, 좋아하는 것, 싫어하는 것, 시합에 영향을 미치는 것 등)이다. 박군은 그 속신과 속신어를 많이 찾아 써서 보고서를 내주면 강의를 듣는 것으로 하겠다."

그러겠다고 하고 시합에 나가 승리한 박군은 후에 "운동선수의 속신과 속신어들"을 리포트로 냈다.

교수인 나나 박군이나 서로 약속을 지켰다.

이번에 속신어사전 '운동선수 편'은 박군의 것을 다 싣고, 내가 아는 것도 보탰다.

내가 알기로는 근 50개가 되는 "우리나라 운동선수의 속신과 속신어들" 소개로는 최초인 것 같다.

운동선수 속신을 보면 "속신어가 왜 생기는가?"를 알 수 있다.

운동선수에게 "자기만의 속신과 속신어가 없는 것"이 이상하다고 할 정도이다.

## 4. 자기만의 속신, 속신어도 있다(개인, 단체, 인종人種, 국민, 국가 등) 운동선수나 특정 직업 종사자가 아니라도 누구나 자기에게 이롭게 살려고 자기만의 속신과 속신어라고 할 것은 있다.

취향趣向, 직업職業, 운동運動, 수집蒐集, 예술藝術, 도박賭博, 기호嗜好, 장식물裝飾物, 비법秘法, 특색, 개성, 취미, 버릇, 벽癖, 장기長技, 서적書籍, 유훈遺訓, 종교신앙생활, 생업활동生業活動, 사상思想, 주의主義, 인생관人生觀, 신조信條, 지방색地方色 색깔彩色 등등.

현실적으로 위와 같은 경우에서, 속신과 속신어라고 단정은 못하나, 개성個性 수준의 것도 있다. 따라서 그것을 자기가 가진 속신과 속신어라고 할 수 있다.

그 자기 속신 과 속신어 같은 것을 인정하든 안하든, 알든 모르든 살아가는 힘든 상황狀況에서 가지고 있음을 나 자신도 인정한다. 나도 좋아하는 것, 싫어하는 것 등 나의 색깔(개성個性)도 있다. 내가 교육자요 가장家長이요 신앙인으로 보면 속신과 속신어 같은 것이 많이 있다.

개인도 그렇고, 어떤 단체, 학교, 지방, 성씨姓氏 문중門中 등에서도 속신과 속신어가 있다고 하겠다.

예를 들어보자.

1) 어느 성씨는 어떤 동물이나 식물을 존중한다.
2) 사색당파四色黨派는 반대편과 사귀지도, 혼인하지도 않았다.
   옷차림도 달랐다. 상종금지相從禁止.

3) 신분의 엄격할 때는 낮은 신분과 높은 신분이 거래금지.
4) 영화나 소설을 보면, "불안에 떤 아이가, 심지어 동물, 식물, 작은 인형, 마스코트, 물건 등을 가지고 안정하고 성공한 것"을 본다. 그 물건을, 신神인 듯 호신부護身符인 듯.
5) 중국: 올림픽을 2008년, "8년 8월 8일 8시 8분 8초"에 시작하였다. 八(8)은 發(돈 번다, 행운幸運을 뜻한다)과 같은 발음(파, 빠)이라서 서로 통용通用한다. 중국인은 八 숫자를 좋아한다.

# "의붓어머니 한恨은 정情으로 풀라."

### 1. 인생살이의 어려움을 풀어주는 속신어

사람이 살다가 보면 이런 일, 저런 일로 재혼再婚을 하게 되고, 그러면 간혹 우리나라의 "콩쥐와 팥쥐 이야기"처럼, 서양의 "신데렐라 이야기"처럼 '의붓딸과 의붓어머니, 곧 계모繼母 사이의 갈등'이, 달리 말하여 '의붓어머니의 한恨'이 일어나기도 한다.

그런데 속신어에는 그 갈등 해결책으로, 혼자된 어머니가 새로 맞은 의붓아버지(계부繼父)하고, 본남편의 아들(전남편의 자식) 사이 갈등은 '노래'로써 풀라고 하였다.

노래가 두 남자의 갈등을 풀어준다로 보았다.

또 의붓딸과 의붓어머니의 갈등은 정情으로 풀라고 하였다. 이 정은 뜨겁고 사랑하는 감정이며, 눈물을 흘리는 감동이기도 하다.

누구나 풀기 어렵다는 "콩쥐와 팥쥐 이야기 경우"에도 해결을 한다는 속신어가 있다. 여기서는 그 이야기에 해당하는 의붓어머니의 한恨 경우를 보겠다.

## 2. 내가 고향에서 본 일

이전에 나의 고향에서. 그냥 먹고 사는 어떤 집에서, 의붓어머니와 의붓딸이 사이좋게 사는 것을 나는 보고, 그 딸과 나이 차差가 있는 아들도 하나 있었는데, 그 아들과 딸하고 구순(화평롭게)하게 지내는데, 하루는 내가 그 화평和平의 비결秘決이 무엇인가가 궁금하여 할머니 진晉(秦, 陳?)씨에게 물었더니, "찌인한(고향말. 표준어는 진한) 정情을 담은 눈물 한 바가지"라고 하고, 더 이상 말하지 않고 웃고 말았다.

나도 더 이상 물어보지 못하였다. 내가 계속 물으면 위태 위태한 지난 날의 일을 말해야 되는데, 그것은 할머니도 말하기가 어려웠을 것이다.

그보다도 당시 나는 그 말이 아리송하였기 때문이다.

'찌인한'이 말이 무슨 말인가? 잘 몰라서 더 묻지 않는 것이 옳았다. '찌인한'. 그렇게 하여 그냥 그들 모녀가 사이좋게 사는구나 하고, 나는 할머니를 따라 웃고 말았다.

나는 그 뒤 다 잊고 살았다.

지금은 그 진씨할머니도 세상을 떴고, 아마 그때 중년 딸도 근황近況을 모르겠는데, 이마 세상을 떴을 것인데, 그래서 이 오랜 일을 그분들에게 더 물어볼 수도 없고, 이번 속신어 해설을 하는 중에 속신 "의붓어머니 한恨은 정으로 풀라"는 대목과, 진씨할머니가 말한 "찌인한 정을 담은 눈물 한 바가지" 실화가 놀랍게도 같은지라, 이전 생각이 나서 '정情과 눈물'을 다시 생각하고, 그 할머니가 그 때 나에게 말하지 않는 사연과 장면을 나는 상상으로 복원復元하여 보았다. 맞을 것이다.

이 글을 보고, 독자가 이렇게 "콩쥐와 팥쥐 이야기"를 아름답게 푸는구나 하고 감동을 받는다면, "속신어가 감동을 주는 문학이다"를 더 말할 필요가 없다고 본다.

### 3. 어떤 이야기 한 마당

그 할머니는 진금옥晉金玉(그때 35살), 딸은 김순옥金順玉(그때 10살)인데, 처음 그들이 만났을 때는, 그런 대로 잘사는 가장家長인 김씨는 아내가 몇 년 전에 딸 하나를 남긴 채 세상을 떠나고 혼자 살다가, 남편을 잃고 외롭게 산 진금옥과 재혼하여 둘은 의붓모녀母女 사이가 된 때였다.

그렇게 1달 정도 지났다. 딸 순옥은 새어머니 진금옥에게 도통 마음을 열지 않고 있었다.

새어머니가 하루는 순옥이에게 말하였다.


"순옥아.

너도 나이가 10살이라 알 만도 하니까, 우리 속시원하게 말해 보자. 오늘 지금은, 나는 너의 계모다. 새엄마다. 의붓어머니다. 맞지?
너는 전처딸이다. 내가 낳고 기른 적이 없는 의붓딸이다. 맞지?
어제 과거는, 나는 너와 상관이 없는 '그여자'였다. 맞지?

너는 '김씨네 그집 딸애. 그애'였다. 맞지?

그런데 내일은, 우리 둘은 어찌 될까?

오늘처럼 여전히 계모요 전처딸로 살겠지. 너의 아버지는 마음이 괴롭겠지. 아니면 내가 더 있을 수가 없어서 이 집을 나가면, 그래서 어렵게 만난 너의 아버지와 헤어져나가면, 우리 둘은 도로 '그여자'와 '그애'가 되겠지. 너의 아버지는 도로 '홀애비'로 돌아가고, 너는 혼자 사는 아버지를 모시는 딸이 되겠지.

그러면 세월은 흐르고, 너의 아버지는 혼자 줄곧 살던가, 또 나 같은 다른 한 여자를 새각시로 맞아들이겠지.

그러면 너는 나와 지금 모습처럼, 새로 온 계모와 여전히 그런 전처딸이 되겠지. 그 새어머니도 네가 받아주지 않으면, 그 새어머니도 못견디고 집을 나가겠지. 이런 꼴이 몇 번이나 되풀이되겠지.

그러면 네가 사랑하는 한창 나이의 아버지의 속은 편하지 않을 것이다. 재혼 - 이별, 재재혼 - 또 이별, 재재재혼 - 또또 이별…

세 번째로 또 한 가지 방법은,

나는 너의 어머니, 엄마가 되고, 너는 나의 딸, 보배, 구슬, 공주, 효녀가 되는 것이다.

그러면 아버지는 너의 엄마가 죽고 나서 찾은 행복에 겨워하겠지. 그러면 너도 좋고 나도 좋지. 그런데 그런 일이 일어날 수 있을까? 있을까? 있을까? 우리 집 식구 셋 중에서 이 세 가지 경우 중 하나를 결정할 사람은 순옥이 너다. 생각해 보니 결정할 사람은 아버지도 아니고, 나도 아니다. 아, 그러니까 결국 아버지의 행복과 불행은 너의 손에 달렸구나.

　순옥아.
　나는 너의 계모다. 너의 친어머니가 아니다. 나는 너의 친엄마가 도저히 될 수 없다. 뱃살을 떼어 너를 만든 적도 없고, 열 달을 태중胎中에서 너를 기른 적도 없고, 산통産痛, 진통陣痛을 하여 너를 낳은 적도 없고, 너에게 젖을 먹여 키운 적도 없고, 너를 업고 다닌 적도 없다. 그래, 나는 친엄마가 아니니까, 너의 100점 엄마가 될 수 없단다, 나는…
　그러나 나는 50점짜리 너의 엄마는 되고 싶다. 이 집을 떠나지 않고. 이 집에 살면서 그렇게 반쪽자리 엄마가 되고 싶단다. 노력을 하마. 전부터 내려오는 말이, 데려온 자식을 기르면, 입양入養한 자식을 '가슴으로 낳은 자식'이라고 하더구나.
　너는 내가 입양한 자식도 아니고, 그래 나의 가슴으로 낳은 자식을 아니지만, 그래도 나는 이제 너의 엄마라는 계모라도 되었으니, 너의 엄마는 뱃살을 떼어 너를 만들었지만 그만큼은 못해도 너는 나의 딸이다. 양녀보다 더 귀한 너를. 뱃살은 못하더라도 나는 가슴살을 찢어서, 떼어서 딸 너를 만들겠다.
　그래, 나의 가슴살을 찢고 떼어도, 딸 너를 만들어도 나는 하나도 아프지 않단다. 딸 하나를 공짜로 낳고 얻었는데, 무엇이 아프겠느냐?
　나도 전에는 뱃살을 떼어 자식을 만들고 싶었는데, 그런데 그렇게 해줄 나의 남편은 훌훌히 하늘로 날아갔단다.

그런데 자식을 낳을 수 없는 내가 순옥이 너를 딸로 삼았으니, 내가 가슴으로 낳은 자식이 아니냐? 가슴살을 찢어서, 떼어서 만든 딸, 얼마나 다행인지, 행복하지 모르겠단다.

나는 그렇게 50점짜리 너의 어머니로 살아도, 행복하단다.

순옥아.
너도 나의 딸이 되어다오. 50점 짜리 딸이라도 좋다. 그러면 우리는 내일은, 어머니, 엄마가 되고, 너는 딸, 보배, 구슬, 공주가 된단다.
내 이름은 진금옥이다.
네가 내 딸이 되어 준다면, 나는 진짜 금이 되고 옥이 된단다. 진금옥, 이름값을 한단다.
순옥아, 나를 진금옥으로 만들어다오.
김순옥, 내가 네 엄마가 된다면, 너도 진짜 순금純金이요 순옥純玉이요, 보배요, 구슬이요, 공주가 된단다.
그러면 너의 아버지는 보배 진금옥과 김순옥 두 덩어리를 가지니까 얼마나 행복하겠느냐?

순옥아.
나보다 아버지를 생각해다오. 아버지를 사랑하여 다오.

순옥아.
한 가지 더 부탁하고 싶다.
네가 허락을 한다면, 허락한다면, 나도 뱃살을 떼어 자식을 낳고 싶다. 나도 여자니까, 아기에게 젖을 물리는 엄마가 되고 싶으니까, 너의 엄마가 너를 낳는 것처럼… 너는 그런 나를 보고,

"자기가 낳고 싶으면 낳는 것이지, 왜 나에게 물어요?" 하겠지만. 네가 나를 어머니로 인정을 안 하면, 내가 낳은 자식은 나의 동생이 되지 못한다. 새로 세상에 나온 의붓동생이라고, 사랑의 경쟁자가 생겼다고, 너의 마음을 아프게 하고, 그러면 그때 된 우리 4식구가 다 불행해진다.

그런 자식을 왜 내가 낳겠느냐?

아버지도 내 몸에서 나온 자식을 보고 싶어 할 것이다.

네가 허락하면 다 행복할 것이고, 네가 허락하지 않으면, 불행을 낳은 자식을 낳을 필요가 없으니 나는 안 낳겠다. 자식을 낳고 싶은 여자의 본능 다 덮어버리겠다. 네가 원하는 대로, 너의 행복을 위하여 나는 소원과 본능을 접어버리겠다.


순옥아.

너는 10년 후에 시집을 갈 것이다.

그때가 되면, 내가 눌러 살면 네 대신 내가 아버지를 모시고 뒷바라지를 할 것이다. 그러면 너는 안심을 하고 시집을 가고, 가정을 꾸리고 아내로 엄마로, 너의 행복을 찾을 것이다.

그런데 네가 나를 물리치면, 계모로만 나를 대하여 내가 못 견디고 떠난다면, 십년 후 아버지는 어찌할 셈이냐?

아버지가 그 나이라면 재혼도 힘이 들 것인데, 그렇다고 순옥이가 아버지를 모신다고 시집을 안 갈까? 여성으로서 순옥은 없고, 효녀

로서 순옥은 있는 미래.

순옥아. 우리 내일은, 나는 너의 의붓어머니에서 의붓을 떼고 어머니, 엄마가 되는 것.

순옥아. 우리 내일은, 너는 나의 의붓딸에서 의붓을 떼고. 친딸, 공주, 구슬, 보배가 되는 것.

우리 둘 다, 내가 50점 어머니가 되고, 너는 50점 딸이 되면, 우리 둘이 합쳐 100점이구나. 그때 나는 50점 어머니에서 100점 엄마가 되고, 순옥이 너는 50점 딸에서 100점 보배 공주가 되겠지.

그러면 아버지는 100점 남편이며, 우리 모녀가 합쳐 100점과 100점, 아버지까지 합치면 우리 집은 도합 300점.

그렇게 행복에서 살겠구나. 그러면 우리 집은 행복이 가득한 집이 될 것이다. 순옥아. 내 딸아, 50점, 아니 더 나아가서 100점 딸아. 나는 50점, 아니 더 나아가서 100점 엄마가 되겠다.

내 딸아. 어디 한 번 안아보자."

〈그러면서 진금옥은 순옥을 꼬옥 끌어안았다. 눈에서 눈물이 났다. 그 눈물을 닦지도 않았다.〉

순옥이가 말하였다.

"어머니... 엄마. 허락할게요, 어서 애기를, 내 동생을 낳으세요. 벌써부터 동생이 보고 싶어요. 이제 저는 외롭지 않습니다. 이런 엄마가 계셔서. 엄마, 그렇지요?

더 안아주세요. 쎄에게에... 꼬오옥... 엄마아아아 - "

나의 책과
학문 여정을
담다

**001**

# 최래옥

『한국민간속신어사전』과
나의 학문 인생

**초판1쇄 발행** 2023년 11월 17일

**지은이** 최래옥
**펴낸이** 홍종화

**편집·디자인** 오경희·조정화·오성현·신나래
박선주·이효진·정성희
**관리** 박정대

**펴낸곳** 민속원
**창업** 홍기원
**출판등록** 제1990-000045호
**주소** 서울 마포구 토정로 25길 41(대흥동 337-25)
**전화** 02) 804-3320, 805-3320, 806-3320(代)
**팩스** 02) 802-3346
**이메일** minsok1@chollian.net, minsokwon@naver.com
**홈페이지** www.minsokwon.com

ISBN 978-89-285-1906-4
S E T 978-89-285-1905-7  94810

ⓒ 최래옥, 2023
ⓒ 민속원, 2023, Printed in Seoul, Korea

이 책은 저작권법에 따라 보호를 받는 저작물이므로 무단전재와 복제를 금지하며,
이 책의 전부 또는 일부를 이용하려면 반드시 저작권자와 출판사의 서면동의를 받아야 합니다.